I0839276

Le miracle de la montagne à la croix.

Moïse, le Seigneur d'Avaris.

Roland Enkler.

Deuxième édition achevée en septembre 2010.
Copyright France © 2010
Tout droit réservé.

Éditeur :   Books on Demand GmbH,
              12/14 rond-point des Champs Élysées,
              75008 Paris,
              France
Impression : Books on Demand GmbH,
              Norderstedt,
              Allemagne
ISBN : 978-2-8106-2019-7

Du même auteur :

Ouvrages disponibles chez bod.fr :

Le miracle de la montagne à la croix._________________Publié.
L'Ange de l'apocalypse. _______________________________Publié.

Ouvrages disponibles chez lulu.com :

Le jugement dernier ! _________________________________Publié.
I – Un pacte lia les Hébreux à Satan._________________Publié.
II – La terre promise aux criquets pèlerins.____________Publié.
III – Les élus se prostituent pour gouverner. _________Publié.
IV – Le nobiliaire prémédita les guerres. _________En cours.
V – Nous sommes tous coupables. _____________En cours.
VI – Les élites parasitent la multitude. ____________En cours.
VII – La franc-maçonnerie est inhumaine. ________En cours.
VIII – Quid du Dieu que le pape fit damner ?_______En cours.
IX – Le patronat me tortura et m'assassina.________En cours.
X – Qu'en est-il des sciences acquises ?________En cours.
XI – Réalisons la grande unification. ____________En cours.
XII – Dieu se constitue sous vos yeux.__________En cours.
XIII – L'apocalypse perpétue la vie.____________En cours.
XIV – L'Élysée viola tous mes droits.___________En cours.
XV – Juger par-delà l'horizon. _______________En cours.
XVI – L'absolu est ma quête.__________________En cours.

Quels sont mes objectifs ?

Je vais commencer par conter le miracle de la montagne à la croix. J'en analyserai les conséquences, car elles régissent l'accès à la communauté des esprits. La croix ne fait pas référence à la chrétienté, mais au seul nom du lieu où le miracle se produisit, qui est la cité du Kreutzberg à Forbach. Kreutzberg est la contraction de croix et de montagne en lorrain qui est un patois dérivé de l'allemand. Je tiens à le préciser, car l'Interférent, qui guide mes pas, n'a pas de préférence pour une quelconque secte que vous appelez religion. L'Interférent est l'intelligence qui use du miroir incident. Le miroir incident est l'outil qui induit le mouvement du contenu de la matrice universelle. Les pulsations, qui émanent du miroir incident, composent la vie de l'univers par les lois prédéfinies d'évolutivité qui habitent ses composants primordiaux. Les points de détail du dispositif d'induction de la vie de l'univers et de ses composants sont exposés dans les chapitres X, XI, XII et XIII du jugement dernier. J'ai établi cette théorie qui unifie la gravitation et l'univers quantique au plus près de l'épaisseur perceptive qui m'habite.

Sachez que la globalité de mon labeur est en réalité le jugement de Dieu. Dans ce dessein, j'ai décidé de prouver sa présence afin de donner du poids aux raisons et aux conditions du jugement que j'effectue sous la contrainte de l'Interférent ainsi qu'aux décisions qu'il me fera prendre. L'objectif premier est de déterminer si les biomécanismes de classe humanoïde sont dotés de caractéristiques permettant de dynamiser une âme. Si tel est le cas, ils sont susceptibles d'atteindre l'immortalité ou d'avoir une existence post mortem. Bien sûr, pour déterminer s'il est possible de leur allouer une âme, je ne juge pas le folklore sociétal, politique ou religieux. Les conditions de vie n'entrent en ligne de compte que selon

Le miracle de la montagne à la croix.

l'aspect protocolaire de la dégénérescence de la conscience qu'elles produisent. Mon analyse ne concerne que le potentiel génomique que détiennent les homos sapiens à s'humaniser. Il faut que je parvienne à déterminer si l'épaisseur perceptive, qui advient de leur dynamisation génomique, est susceptible d'être conçue sous l'aspect d'une globalité d'action humaine.

Pour faire mon jugement selon les souhaits de l'Interférent, je fus tout d'abord conduit par la contrainte à m'extirper de la conscience que façonne l'incidence sociétale et la programmation génomique qui fixe la personnalité. Cet objectif fut atteint en m'amenant à détruire les structures neuronales qui furent façonnées par mes conditions de vie ou la dynamisation génomique contextuelle. En quelque sorte, j'ai été conduit à perdre mon âme dans le dessein de m'amener à percevoir comment s'articule l'être et quels sont les procédés qui permettent de dynamiser les échanges informatifs qui articulent l'existant. J'ai été amené à récupérer mon âme d'enfant qui ne fut pas encore atteint de la composante hormonale de confection d'une vie sociétale prédéfinie par l'imposition du contexte planétaire.

Mon labeur devait donc m'amener à découvrir s'il était possible d'allouer aux homos sapiens une âme ou une épaisseur perceptive immatérielle leur permettant de dynamiser l'antériorité de leur humanité. Si leur dynamisation génomique est susceptible de développer l'humanité, les péchés du monde seraient alors pardonnés aux âmes des morts qui vécurent l'errance, mais selon des préceptes voulant être humains. Elles seraient dès lors extirpées de l'oubli et elles pourraient revivre dans d'autres corps, mais sans avoir souvenance du folklore de ce qu'elles furent. Seule leur épaisseur perceptive serait conservée à l'image de ce qui se passa durant votre enfance et dont vous n'avez pas souvenance. Dans le cas où la dynamisation génomique des homos sapiens ne leur permettrait pas d'accéder à l'humanité, il n'y aura point de salut post mortem de ce qu'ils furent. En effet, il n'est pas utile de conserver les consciences animales. La composante génomique, qui édifie la personnalité des animaux, est largement suffisante.

…

J'ai initié le jugement dernier selon l'épaisseur perceptive que je détenais lorsque l'Interférent m'immergea sur la Terre pour vous apporter la connaissance. L'objectif initial de mes jeunes années était d'être l'Ange gardien qui allait s'évertuer à vous éviter d'irradier le monde. Il fallait à tout prix que je vous empêche de souffler la Terre lors d'une expérience scientifique touchant au développement énergétique. Mais les évènements ayant évolué très défavorablement, je fus contraint de me revêtir de l'habit de l'Ange de l'Apocalypse qui brandit les risques d'aboutissement biogénique. Sachez que la biogénie est l'incidence programmée du développement de la vie. C'est un terraformage qui est programmé dans la composition génomique fractale qui a un aboutissement prédéfini à atteindre. Selon les avertissements antérieurs de Daniel, de Jean de Patmos et, semble-t-il, des Mayas, votre aboutissement est l'apocalypse qui annihile la Terre dans un cadre régénérateur de l'univers.

Lors d'un délire mystique d'un autre temps, j'ai atteint mon apogée initiatique en 1998. À cette époque, le monde aurait pu éviter plus aisément l'extrémité cataclysmique si j'avais été entouré et soutenu, mais j'étais alors isolé et torturé. Pour y remédier, j'ai demandé à être nommé. Mon espoir était alors de composer l'intervenant mystique que vous auriez choisi afin de vous sortir de l'ornière en exauçant tous vos vœux. Nul ne l'a fait, car l'objectif de mes agresseurs était de me museler pour m'empêcher de mettre à mal les intérêts qu'ils défendaient. Bien évidemment, mes opposants

Le miracle de la montagne à la croix.

dissimuleront les insanités qu'ils perpétrèrent à mes dépens en rétorquant que j'étais seul chez moi et que nul ne savait ce que je faisais. Ce qui est totalement faux, car mes agresseurs s'appropriaient déjà mes écrits en croyant que c'était à mon insu. Or leurs réactions, vis-à-vis de ce que j'écrivais, laissaient clairement percevoir qu'ils suivaient au jour le jour la parole que je transcrivais. Cependant, comme mes tortionnaires étaient trop enclins à me torturer et à tenter de me tuer, ils se contentèrent de dérober le fruit de mon labeur sans prendre garde aux réelles raisons de ma besogne.

Au début de l'année 2004, l'agression que je subissais devenant plus conséquente et la subtilisation de mon savoir plus voyante, j'ai annoncé que j'allais rédiger le jugement dernier. J'ai alors signalé que j'allais le développer comme un programme. Je me suis alors mis à évoluer par cycle initiatique successif selon les vœux de l'Interférent. Le développement de ma conscience me fit passer de la composition du Rédempteur à celle de l'Ange de l'Apocalypse. Puis, refusant d'induire l'aboutissement cataclysmique, je me suis extirpé du fin fond de la psychose religieuse chrétienne. J'ai alors gravi les marches de la connaissance. Cette ascension me permit de me hisser dans la conscience de Moïse selon l'épaisseur perceptive qui m'habitait préalablement. Ce fut un façonnage dirigé de mon esprit qui commença alors que je fus conduit à me convaincre, sans raison apparente, d'aller tailler le bâton de pèlerin de Moïse assis au beau milieu de mon jardin.

Poursuivant mon ascension dans le passé historique du façonnage de la Bible, en mai 2010, après un curieux accident, qui fit apparaître la marque d'Héka, je suis devenu Osiris, un Dieu bienveillant de l'Égypte antique. L'esprit d'Osiris m'a conduit par la suite jusqu'à Atoum ou au Dieu primordial de la Genèse. En effet, ce personnage mythologique égyptien serait le père de Chou et de Tefnout que les Hébreux nomment Adam et Ève. Comprenez bien que je ne suis pas ces personnages, mais qu'une force me fait découvrir ce qu'ils furent selon l'épaisseur perceptive qui module la dynamisation génomique qui fixe ma personnalité. Mon individualité ne peut pas être changée, mais la perception de ce que fut un personnage peut m'être apportée. Tous mes ouvrages furent ainsi réalisés de façon quelque peu métaphorique par transposition successive. Ces écrits en deviennent ainsi une composition de ce que pourrait percevoir l'œil d'Atoum, d'Osiris, de Moïse ou du Messie que figure la Triskèle. Bien sûr, mon épaisseur perceptive usuelle n'est pas effacée, je tiens donc toujours compte du regard aimant que j'ai conservé à l'égard de mes êtres chers.

Selon la mythologie égyptienne, Osiris aurait été assassiné par Seth et ramené à la vie par sa femme Isis qui fut aidée par sa sœur Nephtys. En usant de l'esprit d'Osiris, j'ai acquis la distance perceptive que m'apporte cette conscience lointaine tout en conservant l'amour que j'ai pour ma famille. Rassurez-vous, je ne suis pas habité par le folklore historique d'Osiris, mais uniquement d'une perception de ce qui pourrait en émaner. Je ne peux d'ailleurs pas être la réincarnation de ce personnage mythologique, car Osiris et Seth sont une composition de personnalités légendaires. Osiris est l'affectation à une présence divine de la dynamisation des terres fertiles de la vallée du Nil. Quant à Seth, il personnifie les conséquences de l'aridité du désert. Seth est la malveillante sécheresse qui risque de mettre à mal les cultures si la crue du Nil ne survient pas. L'opposition entre Osiris et Seth est une métaphore égyptienne du combat du bien contre le mal ou de la vie contre la mort. Lors de ce cheminement dans les limbes du passé, mon corps n'a donc fait que répondre à une composition informative qui émana du miroir incident. Il semble bien que je fusse dirigé à entreprendre cette étude du passé terrestre.

Le miracle de la montagne à la croix.

Ainsi, frappé de la crosse d'Héka dans ma chair, j'ai simulé l'esprit d'Osiris ou l'assistant aux morts ou encore l'Ange gardien qui prend soin des défunts. Par le biais de l'état d'esprit que j'ai acquis en étant curieusement guidé, j'ai été amené à sortir de la vision occidentale ou chrétienne de l'histoire que je recomposais. J'avais édifié les quatre premiers ouvrages du jugement dernier et je publiais l'Apocalypse directement sur Internet. Les conséquences de mon labeur pouvaient donc devenir dramatiques. Il fallait absolument que je sorte des psychoses bibliques. En m'amenant à regarder le monde au travers de l'œil de plus anciennes consciences, j'ai été conduit à décomposer le conditionnement apocalyptique chrétien qui m'habitait. Sous l'œil d'Osiris puis d'Atoum, j'ai alors conçu ce qui s'était passé sans blocages émotionnels malsains. Je suis ainsi plus à même de présager de l'avenir pour être à même d'y préparer l'humanité.

Bien qu'il s'occupe de l'âme des défunts, sachez que, selon les textes anciens, 'Osiris, comme Moïse et Jésus-Christ, représente la part de l'action de l'Interférent qui est bienveillante pour les êtres vivants. Ainsi, sous l'œil de ce Dieu mythique égyptien de bon aloi, je réalise une analyse historique exempte de psychose biblique de la composition de la civilisation, de l'accueil qui me fut réservé et des conditions qui me permirent d'opérer dans le dessein de soigner toute les psychoses sectaires et claniques du monde. En outre, cette évolution de ma façon de penser fut judicieuse, car elle me permit de constater que le détenteur de la marque d'Héka, dont les médecins égyptiens étaient les prêtres, était délibérément éliminé du monde des vivants par le corps médical français. Eh oui ! Cet Osiris, que je fus selon la parabole du combat du bien contre le mal, serait rapidement mort si nul amour d'Isis n'était intervenu pour le soigner, car le cancer le rongeait et même les médecins faisaient mine de l'ignorer. Pour ce fondateur de la civilisation égyptienne, que fut cette composition informative de cet Osiris mystique, dont j'use en parabole de mes tourments, il ne s'agit donc pas de juger les actions de chacun, mais d'apprécier la constitution de la conscience que la dynamisation génomique des homos sapiens fait apparaître tout au long du cours de la vie.

...

Dans le jugement dernier, en tant que conscience des lumières du beau pays de France, je révèle ce qu'est l'énergie, la matière, la vie et l'univers. Ce n'est plus un secret pour personne, car une grande part de mes travaux sert déjà à récompenser les petits copains des tristes sires qui me les subtilisèrent. Cependant, qu'importe les voleurs et les assassins ! En effet, mon objectif était de parvenir à faire percevoir ce qu'est l'Interférent qui s'adresse à vous par les propos que je suis conduit à élaborer. Le miracle de la montagne à la croix fera comprendre à chacun quel personnage s'est présenté au sein de cette France des lumières que l'Interférent choisit pour instrumenter ma destinée. Je poursuis donc désormais le jugement dernier sous un autre regard, certes, mais toujours sous les vicissitudes malsaines que mes agresseurs continuent à me faire vivre jour et nuit. Malgré ces incidences malsaines, je suis tout autant parvenu à analyser les composantes de l'univers et de la vie dans le dessein de dévoiler l'incidence du miroir incident qui fut pour les Égyptiens l'océan primordial Noun dont le démiurge Atoum usait pour conduire l'évolution de l'existant. C'est étonnant, n'est-ce pas ? Eh oui ! Je fus amené à découvrir l'une après l'autre d'inimaginable information sur l'éternité de l'Interférent ou du concepteur des mondes que nul ne voyait alors qu'elles crevaient les yeux de tout archéologue qui aurait désiré y regarder de plus près. Bien sûr, les historiens ne pouvaient voir, car ils étaient habités de psychoses religieuses, partisanes et sociétales.

Le miracle de la montagne à la croix.

Sachez qu'à mes yeux, agissant sous le regard successif du Messie, de Moïse, d'Osiris et d'Atoum, ayant abouti à un cycle de conscience autre que le vôtre, il n'y a pas de peuples ou de religions, mais uniquement des humains qui furent différenciés par des composantes protocolaires claniques ou sectaires de conditionnement et de manipulation mentale. Selon mon regard, vous ne naissez donc pas avec une identité nationale ou religieuse dissemblable. D'après mon épaisseur perceptive, vos disparates apparences ou opinions ne sont que la conséquence des conditions de vie et de l'enseignement national et religieux du lieu et de la famille où vous fûtes immergés. Vos dissemblances ethniques ne sont le fait que des différentes instructions qui façonnèrent votre épaisseur perceptive contextuelle dont use votre dynamisation génomique pour composer vos personnalités d'inclusion environnementale.

...

Optant en ce document pour la conscience d'Osiris, je vais évoquer ce qu'est l'aboutissement biogénique de la cellule terrienne. J'accompagnerais ainsi par l'esprit soit les morts, lors du cataclysme planétaire que les prophéties annoncèrent, ou soit je m'occuperais des vivants si l'accès à l'humanité ou au respect des exigences d'appartenance à la communauté des esprits est acquis. Usant du regard d'un être désirant accéder à l'infinité de la conscience, il n'y a pas de peuple élu. N'oubliez pas que je suis désormais habité d'une conscience antérieure à celle que confectionna le cataclysme du Santorin. Or le pacte qui lia les Hébreux à Satan ou au Dieu Mars en fut la conséquence comme le jugement dernier l'a déterminé. Par mon labeur initiatique, l'Interférent reprend donc son impartialité d'antan. En effet, avant le déluge, nulle psychose n'use d'un quelconque prosélytisme de préséance d'accès à son écoute. Ainsi, la parole d'Osiris ne sera pas celle d'un raciste qui fait des distinctions entre les composantes instructives ou héréditaires que les uns ou les autres ont reçues. Il ne fixera pas de priorité à l'accession à l'éternité au sein de la communauté des esprits, car, à mes yeux, il ne se présente pas de préséance, selon la xénophobie des uns ou le prosélytisme des autres. Selon mon regard, l'humanité est une et elle est indivisible, et cela, quels que soient l'instruction, la socialité, l'apparence, les comportements, la religiosité ou le clanisme de chacun.

Le jugement dernier est destiné à jauger si les homos sapiens sont dotés de capacités mentales leur permettant de s'humaniser. Il est donc très important qu'ils ne soient plus qu'un pour que chacun puisse défendre ce qu'ils sont parvenus à être globalement en tant que potentiel de composition mentale de la conscience planétaire. Dès lors, il devient primordial que tous les homos sapiens se serrent les coudes. Vous ne devez plus faire qu'un afin d'effacer l'immonde que vous aviez perpétré en vous différenciant comme des animaux en quête de leur pitance. Je ne pourrais alors agir que pour le bien de chacun. Une seule communauté ne sera alors plus présente sur la Terre comme au ciel. Sachez qu'au sein de la communauté des esprits, les âmes n'ont pas de patrie, de religion, de niveau social ou d'apparence physique.

…

Dans le jugement dernier, dont une grande partie fut composée avant l'écriture de l'Apocalypse qui fut le prélude à cet ouvrage, j'ai fait usage du nom de la Triskèle pour parvenir, tout autant qu'avec Osiris, à m'extirper de la psychose chrétienne. En effet, Moïse n'est absolument pas advenu subitement, bien au contraire, il fut conçu par le façonnage contextuel de mon épaisseur perceptive que réalisa le deuxième chapitre du jugement dernier qui s'intitule :

- *La terre promise aux criquets pèlerins.*

Le miracle de la montagne à la croix.

Il y eut donc une évolution de ma conscience que déamina le cycle initiatique d'extirpation des conséquences psychiques du cataclysme du Santorin. Par ce biais, j'établis mes références selon le milieu celtique où je fus immergé. J'ai ainsi représenté mon personnage par les trois colombes qui tirent le monde vers les cieux. La première est l'esprit de Dieu le père, qui est désormais redevenu en cet ouvrage Rê ou Atoum. Rê représente le royaume céleste dont il est le maître absolu. Atoum représente celui qui s'est fait seul ou qui a parcouru les cycles initiatiques pour accéder à la connaissance absolue. Il y a donc une dualité de conscience opposée dans ce personnage. Il y a Rê, qui est la préséance darwinienne, et il y a Atoum qui parvient par son labeur initiatique à la conscience suprême. J'ai choisi comme première colombe, Atoum, qui représente la connaissance acquise ou l'esprit éclairé plutôt que Rê qui est le lion dominant par excellence. La seconde colombe est le corps qui fut immergé sur la Terre. C'est donc Dieu le fils, qui est la dynamisation génomique dont on observe les pérégrinations selon l'épaisseur perceptive qui fut conçue selon le contexte rencontré. C'est ma personnalité ou l'incidence génomique corporelle faisant abstraction de toute incidence de toute immatérialité autre que mon âme. La troisième colombe est l'Esprit sain que compose l'incidence divine de la conscience collective de cette planète sur mon mental. La triskèle celte, quant à elle, elle évoque la marche des temps qui régit l'univers selon les lois de composition de l'évolution informative primordiale que dirige le miroir incident. La triskèle celte représente également la déesse Terre qui constitue l'incidence biogénique planétaire. La Triskèle composite, qui forme une pyramide céleste, représente donc l'incidence biogénique que l'Interférent instrumente en usant du miroir incident, mais selon la composante informative terrestre. Au sein du monde égyptien, la composition informative de la

Triskèle représente le lien entre l'évolutivité des éléments de la nature et le démiurge Atoum qui les articule au sein de l'océan primordial Noun. Sans connaître la mythologie égyptienne, je suis donc parvenu à développer la conscience du monde que détenait le scientifique Imhotep qui vivait avant le déluge, il y a plus de cinq mille ans.

Le miracle de la montagne à la croix.

Le miracle du Kreutzberg.

Ah ! Je constate avec plaisir qu'entre deux meurtres, les homos sapiens recherchent toujours Dieu dans les cieux et les extraterrestres aux confins de l'univers. Eh oui ! Je sais qu'étant habités de la peur de mourir, les mécanismes biologiques de classe humanoïde cherchent toujours la preuve de la présence de Dieu qui pourrait redonner la vie à leur biomécanisme après leur mort. A contrario comme l'envoutement des croyants à l'accès à l'éternité, que font naître les religions, est évanescent du fait de leurs agissements de mécréants amoraux, qui ne peuvent que condamner leur hypothétique âme au silence éternel, ils aimeraient bien mettre fin au créationnisme en parvenant à prouver que la vie existe sur d'autres planètes. En effet, pour le moment, au regard de l'espèce dominante de ce monde, la vie extraterrestre serait une hérésie. Pour les aveugles de l'esprit qui se disent croyants, Dieu ayant créé la Terre, ce monde ne peut pas faire partie d'un univers peuplé d'autres vies. Pour ces fiers guerriers qui égorgent les femmes ou pour ces lions qui rugissent de plaisir en éventrant la progéniture d'autrui, il est même tout à fait anormal que l'élaboration génomique, qui les a constitués, soit une composante naturelle de l'univers qui a une fonction prédéfinie, comme c'est le cas de l'énergie radiative, des particules, des atomes et des molécules. L'égocentrisme belliciste dirige leurs pensées et ils ne peuvent dès lors concevoir qu'ils ne sont qu'une composante informative de l'évolution de l'univers. Ils ne peuvent appréhender qu'ils soient mus dans un dessein prédéfini que dirigent les lois de l'univers et la composante fractale de la programmation génomique. Je vais donc tendre à remédier à leurs lacunes psychiques en modifiant leur vision du monde et des croyances. Je vais m'attacher à leur faire

Le miracle de la montagne à la croix.

prendre conscience de l'existence d'un au-delà en usant de la constitution de la Triskèle que l'Interférent rendit possible.

Bien évidemment, pour être à même d'atteindre la conscience des prédateurs qui dominent ce monde, il faut que j'acquière une légitimité à le faire à leurs yeux. En effet, pour ces assassins, au mieux, potentiels, c'est l'identité du personnage que je vais représenter, qui m'apportera la légitimité de parler au nom de l'au-delà. Cependant, il faut que je le fasse avec un certain doigté, car ces prédateurs, qui sont des meurtriers dans l'âme, n'aiment pas être confrontés à un dominant qui apparaît être plus faible qu'eux. Il faut donc que je donne quelques éléments de réflexion aux génocidaires patentés qui ne voulurent pas prendre connaissance des conséquences de ma présence ici-bas, que j'évoque dans la portion du jugement dernier que j'ai déjà publié. Cette absence d'accès à mes écrits est ennuyeuse. En effet, en lisant ma parole, chacun aurait aisément compris pourquoi la psychose assassine, qui habitait le clergé, le nobiliaire et la haute bourgeoisie, les amena à préméditer la damnation du Messie s'il avait l'outrecuidance de remontrer le bout de son nez.

Pour résumer, le jugement dernier fait découvrir que l'Ange Gardien de ce monde, quel que soit le nom que les damnés lui donnent, fut immergé au sein des psychotiques religieux qui sont la référence éthique et moral des parasites névropathes qui dominent ici-bas. Il ne put donc que subir les effets de cette damnation ainsi que la torture et les tentatives de meurtre qui en découlèrent. Il ne pouvait en être autrement, car, après avoir pris connaissance de ma miraculeuse, mais hypothétique apparition en forêt, les élites furent averties du potentiel à interférer du miroir incident lorsque le miracle de la montagne à la croix fut réalisé. Elles furent alors prises de la peur bleue de voir s'effondrer le monde subversif qu'elles s'étaient édifié pour être à même de perpétrer les pires insanités au détriment des plus vulnérables en toute impunité. Les loups, qui mettaient en doute la présence de l'Interférent sur la Terre, ne purent se résoudre à ne plus égorger les brebis du fait du retour du bénéficiaire du miracle de la montagne à la croix que le miroir incident instrumenta sous sa directive.

…

Le miracle de la montagne à la croix se passa aux pieds de la colline du Kreutzberg à Forbach en Moselle. Il y avait alors un chemin de fer sur lequel circulaient de vieilles locomotives à vapeur qui tractaient de vétustes wagons de voyageurs et de marchandises qui servaient à véhiculer les mineurs de leurs cités à leurs lieux de travail ainsi que du charbon ou des déchets servant de remblais. Cette ligne de chemin de fer à accès libre, dont les trains étaient du même type que ceux qu'il est possible de découvrir dans les films contant la conquête génocidaire du Far West du début du vingtième siècle, a disparu de nos jours, car une autoroute fut tracée sur son emplacement. Après l'arrêt du ramassage par rails des mineurs, au tout début des années 1960, des cheminots furent chargés de démonter les voies de chemin de fer. Pour parfaire leur ouvrage, ils se servaient d'un wagonnet à tractation manuelle qui avait de grosses roues en acier.

Le miracle de la montagne à la croix eut lieu au début des années 1960, alors que je jouais en compagnie de quelques copains et de mon frère Jean-Claude avec un wagonnet à tractation manuelle qui servait au démontage des rails. Une bande rivale de gamins d'un quartier différent de la même cité parvint à placer des cailloux, qui provenaient du ballast, entre les rails d'un aiguillage à notre insu. Nous étions six enfants d'un même pâté de maisons sur le wagonnet que mon frère Jean-Claude et un de ses amis lancèrent à pleine

Le miracle de la montagne à la croix.

allure lorsqu'il arriva sur l'aiguillage qui avait été saboté. Les roues se bloquèrent subitement et nous avons tous été projetés en avant. Du fait de la force d'inertie, nous sommes tous passés sous le wagonnet qui avait sauté par-dessus l'obstacle. Il avait de grosses roues en acier et il pesait bien une tonne et demie. Or, comme par miracle, alors que nous étions tombés sur les rails et que le wagonnet continua sa progression, nous nous sommes tous retrouvés sans blessure comme si l'accident ne s'était pas produit. En effet, nul n'avait d'ecchymose, comme si aucun de nous n'était tombé sous l'engin. Pourtant, j'ai perçu confusément que j'avais entamé ma chute à proximité de la roue droite du wagonnet. Je me revois être en train de tomber en pivotant sur le côté. Je vois alors mon épaule gauche et ma tête se diriger vers le sol, mais je ne ressens déjà plus que je suis en train de tomber. Je perçois de visu que ma jambe gauche va être happée par la roue droite du wagonnet. Attention, j'évoque m'être vu dans mon intégralité et donc d'avoir observé tout autant mon visage. Cela signifie que j'ai souvenance d'être en dehors de mon corps en train d'observer ce qui se produit. Je n'ai donc pas vécu mentalement l'accident que mon corps a subi. Je me suis délocalisé jusqu'au moment où, subitement, je perçus confusément, de façon très fugace, que j'étais en train de réaliser une curieuse figure acrobatique. Sans prendre appui par terre, alors que je tombais, plié en deux, le visage plongeant vers la terre, et que je voyais que ma jambe gauche allait être happée par la roue du wagonnet, je pris mon envol qui me fit faire un bond démesuré qui me propulsa à plusieurs mètres de là. J'ai atterri debout sans ressentir le moindre choc de l'atterrissage, le regard tourné vers la scène de l'accident. Sur le coup, cela m'a interpelé, car je me suis apprêté à tomber, mais tout se passa comme dans un rêve. J'ai perçu que j'atterrissais comme si j'avais flotté dans les airs et que l'on me déposait à terre. J'ai alors observé, sans faire montre de la moindre inquiétude, mon frère et mes copains, qui avaient chu à terre, se relever sans blessures. Je n'étais absolument pas inquiet. Mon frère se releva et il demanda à ses amis qui se redressèrent à leur tour si l'un d'eux était blessé. Chacun se palpa et nul ne sembla souffrir d'une quelconque contusion.

Le plus curieux fut la première sensation que j'ai alors perçue. En effet, j'ai éprouvé la crainte d'être découvert sans en avoir ressenti les raisons. Je me rappelle juste avoir pensé avec inquiétude :

- Ils vont savoir qui je suis.

Aujourd'hui, je me demande pourquoi j'avais eu peur d'être ce que je ne savais pas consciemment être au moment de l'accident. Comprenez bien qu'étant un malade incurable, je n'ai jamais eu la tête qui enfle au point de chercher à surclasser quiconque. Étant handicapé par une déficience pulmonaire, je ne me suis jamais pris pour quelqu'un d'extraordinaire. Même si j'étais habité de la conscience passagère d'être Dieu à qui rien n'était impossible, je n'ai jamais voulu devenir un surhomme, car je ressentais que j'étais limité physiquement vis-à-vis de mes congénères. En outre, j'aime bien apprendre plus qu'utiliser les compétences acquises. Mon rêve serait même d'être un éternel élève dans tout ce que j'entreprends. Ma vie durant, je me suis contenté de faire ma besogne ici-bas au mieux de mes capacités en espérant en être payé en conséquence et puis basta. Mon objectif n'était donc pas d'être accompli, mais de cheminer pour l'éternité à chercher à le devenir. Alors pourquoi cette crainte était-elle apparue ?

Je sais désormais que, vis-à-vis du milieu où j'avais été immergé, je n'allais plus être l'Ange Gardien de la planète, qui

Le miracle de la montagne à la croix.

devait être accueilli avec bonheur. Il est certain qu'au sein de mon environnement ou selon le contexte terrien que j'ai analysé, je ne pouvais plus être le bien venu. Dieu était rejeté des consciences éclairées qui recherchaient à instaurer une justice sociale du fait du conditionnement protocolaire que constituaient les prêcheurs en faveur des parasites. Dieu était également rejeté par les prêcheurs qui désiraient protéger leurs velléités à satisfaire leur profitable psychose religieuse. À douze ans, étais-je déjà instruit qu'il risquât d'être bien trop tard pour changer la destinée biogénique malsaine de la Terre ? Avais-je déjà pressenti que ce monde ressentait qu'il était condamné à vivre une apocalypse dévastatrice ? Avais-je été informé qu'ils avaient perpétré l'innommable pour empêcher l'incidence de l'au-delà au point que j'éprouve la crainte d'être découvert ? N'ayant pas encore eu l'instruction nécessaire pour percevoir ce qui précède, l'épaisseur perceptive, qui fit advenir la crainte que j'ai ressentie, devait avoir été conçue pour que je me dissimule si je désirais pouvoir parfaire mon labeur. Selon mon potentiel perceptif, il fallait que je me cache si je désirais pouvoir leur apporter mon soutien, voire être leur ultime recours. Il semble ainsi que je savais déjà qu'en Ange de l'Apocalypse j'allais être contraint d'opérer. Je dois même préciser qu'un an plus tard, j'ai clairement perçu ce qu'il devait en être du cataclysme apocalyptique lorsqu'un prêtre vint faire espérer sa survenue aux élèves d'une classe de terminal de l'école primaire.

...

Immédiatement après l'accident, de façon machinale, j'ai observé les alentours pour déterminer si des témoins étaient présents. Je perçus inquiet, à quelques centaines de mètres, les quatre chenapans qui avaient saboté l'aiguillage. Je me dis tout aussi songeur :

Le miracle du Kreutzberg.

- Eux aussi, ils ont dû voir ce qui s'est réellement passé. Je vais être découvert. Ils vont tout savoir.

Puis, soudainement, j'ai repris mes esprits de petit enfant d'une douzaine d'années et je me convaincs que j'avais rêvé. Cependant, tel ne fut pas le cas, car en me déshabillant le soir même, j'ai constaté que ma jambe gauche était noire de la cheville au genou. Ma jambe gauche était donc réellement passée sous la roue. Cela devait avoir cogné sec et elle aurait même dû être broyée. J'aurais ainsi dû perdre ma destinée de pèlerin qui devait se coucher sous la croix. Jamais un Moïse n'allait pouvoir soigner la psychose du monde. Or je n'avais pas souvenance d'avoir été blessé, car j'avais atterri sur mes deux pieds sans soucis. En outre, je ne ressentais aucune douleur. Hormis cette teinte bleu-noire, il n'y avait pas une marque de blessure sur la peau. J'ai alors pensé qu'il fallait que je dissimule à mes parents cette imbécillité de gamin en espérant qu'il n'y ait pas de suites fâcheuses. J'étais inquiet, car, pour que la jambe soit noire, bien des vaisseaux sanguins avaient dû se rompre. J'ai alors imaginé que le mieux était de ne plus penser à ma blessure si je voulais que cela aille mieux. Je me suis contraint à ne plus y songer et je n'ai plus souvenance d'avoir observé par la suite ma jambe dans l'état où elle fut.

Cependant, la prise en compte de ce qui m'advint et les pensées, qui m'habitèrent, ne s'arrêta pas là. En effet, quelques jours plus tard, mon frère Jean-Claude, l'aîné de la bande de copains, fut volontaire pour déterminer s'il était possible qu'il détienne des pouvoirs divins. Eh oui ! Il essaya de savoir s'il était possible qu'il ne puisse pas se faire écraser. Ahuri, alors qu'il était à un pâté de maisons de moi, je l'aperçus sortir d'un groupe de garçon et je le vis se glisser sous la camionnette du boulanger. J'ai immédiatement cherché des yeux le ballon qu'il dut aller chercher, mais, très

Le miracle de la montagne à la croix.

étonné, je le vis rester immobile sous le véhicule. Je le vis attendre patiemment à plat ventre que la camionnette redémarre. Il était donc persuadé que rien ne pouvait lui arriver, comme ses copains qui s'attendaient à voir se réitérer le miracle de la montagne à la croix. Eux aussi, ils devaient donc avoir souvenance d'être passés sous le wagonnet. Ils durent être époustouflés d'en être sorti indemne au point d'en perdre tout sens logique. La vie future de Jean-Claude prouvera même qu'il en perdit alors la raison. Son immobilité sous la camionnette ne dura que quelques secondes. Je vis presque aussitôt le boulanger se remettre au volant. Horrifié, je me dis :

- Je suis bien trop loin pour intervenir... Il va se faire écraser... Il faut qu'ils interviennent.

C'est au moment où s'ébroua la camionnette que je vis le boulanger tourner la tête vers l'endroit où mon frère se situait. Il avait dû ressentir un choc ou un obstacle. Des cris s'élevèrent au même instant du dessous du véhicule. Les amis de Jean-Claude, qui observaient sur le trottoir qui se situait de l'autre côté de la route, se précipitèrent alors et ils aidèrent le boulanger à l'extirper de la dangereuse situation où il se trouvait. J'ai alors songé qu'il était préférable pour moi d'agir comme si je n'avais rien vu. Cependant, je n'ai formalisé cette pensée que très subrepticement. Toutefois, j'étais désormais persuadé que je n'avais pas rêvé. Sur le coup, je ne fus même pas surpris, car mon épaisseur perceptive d'alors détenait même les clés qui pouvaient expliquer ce qui advint. Mais, en tant que gamin, je découvrais ce qui m'arrivait. L'inconcevable à mes yeux de terriens s'était donc bien produit et je découvrais que j'étais habité par la sensation de pouvoir le reproduire dans certaines conditions. Cela continuait donc, j'étais réellement habité par des pensées qui ne pouvaient pas être celles d'un enfant de douze ans.

Le miracle du Kreutzberg.

Toutes ces pensées extraordinaires sont fugaces, ce ne sont que des éclairs de lucidité ayant une consistance non terrienne. Je ne les analyse pas, elles viennent, elles s'imposent à moi et puis elles s'estompent sans laisser apparemment de trace en ma mémoire. Cependant, elles restent incluses dans mon épaisseur perceptive. C'est du fait de leur fugacité et de leur manque d'imprégnation sur mon mental qu'il m'a fallu beaucoup de temps pour extirper les souvenirs les plus profonds que j'avais ensevelis en ma mémoire. Chaque jour, de nouvelles images et de curieux souvenirs apparaissent désormais et ils corroborent mon impression qu'une part de ma conscience et de ma vie a une consistance extraterrestre. Je ne fais pas référence à des extraterrestres, mais à un lieu qui n'est pas de ce monde tout en y étant présent constamment.

Cette expérience, que voulut tenter Jean-Claude pour voir s'il disposait de pouvoirs divins, se transforma en une tentative de suicide pour tout le quartier. Elle fit un mémorable scandale au sein de ma famille. Jean-Claude se fit traiter de fou dans le couloir alors que j'étais dans la salle à manger. Pour se disculper, il dut raconter l'incident du wagonnet. Entrant dans la salle à manger, les regards suspicieux des membres de ma famille prétendument adoptive se tournèrent alors vers moi. Mais, j'avais à peine douze ans et l'esprit tourmenté par des jeux d'enfants. Vivant avec mon âme de gamin, je n'y ai pas prêté la moindre importance. Toutefois, l'oreille aux aguets, du fait de l'agitation inaccoutumée, j'entendis les palabres, qui suivirent cet incident. Les propos semblaient indiquer que j'étais apparu subitement en forêt. Du moins, il se serait passé quelque chose dans les bois. J'ai alors stocké ces informations aux tréfonds de ma mémoire, sans nul doute parce que tout enfant réfute l'idée qu'il ne puisse pas être de sa famille. Mais le sens des paroles laissait penser que j'avais bien été recueilli. Ils corroboraient donc

Le miracle de la montagne à la croix.

mes capacités psychiques inhabituelles pour un garçon de mon âge. Mon frère Robert demanda même alors à ma sœur Anne-Marie, si elle n'avait pas vu une soucoupe volante ou un quelconque engin qui aurait pu faire je ne sais quoi en me fixant intensément dans les yeux. J'ai ressenti une pointe de curiosité. Je me suis demandé comment je pus être parachuté ici-bas. Je n'ai toujours pas de certitudes à ce sujet. Il en est de même de ce qui se passa entre le moment où je me vois tomber sous la roue et celui où je me mets à voler vers mon point d'atterrissage. Je sais que quelque chose se passa, mais je n'ai pas cherché à savoir ce qu'il en retourna réellement. Je n'ai pas ressenti le besoin de déterminer ce qui m'était arrivé, comme si cela n'avait aucune importance à mes yeux. Ainsi, il est probable que ce fut ce jour de folie qu'au regard de ma famille, l'avertissement que je devais être Dieu en l'an 2000, qu'elle dut recevoir selon l'impression que j'en ai, prit un accent de vérité. Très pieux, ma mère et Robert eurent alors conscience que la prophétie du jugement dernier ne devait pas être un canular. Des palabres sur ce thème parvinrent-ils aux oreilles des religieux et des instances exécutives ?

...

Ce récit est la réalité. Rien n'a été inventé. Nous n'en avons plus parlé entre nous par la suite. Je n'entendis aucune rumeur qui évoqua ce qui nous arriva. Il n'y a que l'attitude de mes proches copains qui changea. J'avais l'impression qu'ils étaient prêts à se damner pour moi. Était-ce l'effet de ce qui se passa ou celle de la foi qui les interpelait à ce point-là ? L'histoire du miracle à la croix sembla ainsi s'être arrêtée là. Par la suite, durant le cours de ma vie, je n'ai jamais pensé que je pus détenir la capacité particulière d'interférer avec le miroir incident. Peu de temps après, lorsque survint la voix qui me demanda si je voulais toujours être Dieu, je me suis senti agressé. Qui pouvait bien vouloir jouer avec moi ? J'ai répondu par l'affirmative en tentant de discerner, par une réaction de la part de mon invisible interlocuteur, qui intervenait sans savoir qui j'étais. Mais tout s'arrêta là. Toutefois, je savais que j'étais en présence d'une puissance qui désirait m'utiliser. Était-elle amie ou ennemie ?

Tout au long de ma vie, j'ai considéré que j'avais des capacités normales. J'ai des yeux, des oreilles et une bouche, je m'en sers sans penser que j'ai le pouvoir de le faire. Nul ne prétendit non plus devant moi que je détins un potentiel incident divin. Il est vrai qu'il est inconcevable pour tout chrétien que le Messie puisse être souffrant alors qu'ils en attendent des miracles. Étant un malade incurable depuis ma plus tendre enfance, ils durent rapidement évacuer l'idée que je puisse être habité. Mais, les croyants et plus particulièrement les élites auraient dû se méfier, car c'est bien plus complexe que cela. En effet, en réalité, c'est la biogénie planétaire qui est habitée. Sachez que je ressens le malheur du monde avant qu'il ne se produise. Je souffre avant que la mort ne frappe. Plus je suis mal dans ma peau, physiquement et mentalement, et plus la catastrophe est importante. La déesse Terre, m'aurait-elle appelé pour que je vienne défendre ses enfants ? N'en ayant pas la certitude, j'ai toutefois décidé de choisir mon camp en m'habillant de la triskèle celte. N'oubliez pas qu'à douze ans j'étais averti des conséquences de l'apocalypse et de l'implication qui advenait de la survenue de Dieu. Il fallait que je sois très subtil pour être à même de m'immiscer dans le combat des titans qui désiraient parvenir à réaliser cette prophétie. La psychose religieuse guerrière dirigeait le monde vers une abominable destinée. Comment allais-je pouvoir opérer pour le sortir des tourments qui l'attendaient ? Il fallait que je sois avant tout très attentif à ce qui allait advenir.

…

Le miracle de la montagne à la croix.

Les croyants croient en Dieu par peur de la mort et par intérêt. Sans les avantages en termes d'éternité et de bienfaits qu'ils en attendent en le vénérant, cela fait bien longtemps qu'il n'y aurait plus de croyants. Pourtant, l'envie d'en savoir plus sur mes apparentes capacités à soigner et à rendre la vie, voire de déplacer mes amis lors d'un accident, dont ils durent m'affubler, devait tenailler mon entourage. Comment ont-ils expliqué ce qui se passa sous leurs yeux et en leur chair ? Pour ma part, selon ce que j'en ressentis, rien ne me parut anormal. Ce fut comme si le fait que soient faits devant moi des miracles comme cela, en vrac, était des plus commun. Oh ! Bien sûr, vous devez être sceptique, certes, mais il y eut dix témoins de ce curieux événement. Cependant, il est vrai que les drôles de pensées, qui m'habitèrent alors, ne pourront jamais être prouvées ici-bas. En outre, elles n'eurent pas d'incidence sur le cours de ma vie. Elles furent en quelque sorte l'identique des interludes publicitaires dont l'incidence disparait dès que le film reprend.

Par la suite, vers 1997, je fus amené, à mon plus grand étonnement, à être le Dieu de l'an 2000 qui fut amené à concevoir le jugement dernier contre son gré. Eh oui ! Ce sont les séances de tortures psychotechniques continues et les multiples tentatives de meurtre, qu'à mes yeux les groupuscules de terroristes catholiques me firent subir à la suite de la damnation que le patronat, les instances exécutives et le clergé orchestrèrent, qui me contraignirent à entreprendre l'écriture du jugement dernier. J'avais donc un ennemi qui m'était clairement désigné, mais, parallèlement, j'étais empreint d'une certaine sympathie pour ce pacifiste et humaniste Jésus-Christ. Le Dieu des Hébreux et du monde gréco-romain avait condamné la Terre à l'apocalypse à tort ou avec de bonnes raisons. Les prêcheurs appelaient à la destruction du monde par Dieu. Mais il semble que les hommes sains d'esprit aiment la vie. Il faut dès lors qu'ils le fassent savoir à l'Interférent en l'exprimant plus intensément que les psychotiques religieux. Ils sont ses enfants qui désirent au mieux servir ses intérêts pour qu'il les conduise vers la plénitude humaine. La multitude, qui n'est pas concernée par les débilités sectaires ou claniques, doit donc clamer à Dieu que son espérance n'est pas qu'il la conduise au combat de préséance appropriative ou à l'apocalypse régénératrice. Dites-lui que vous aimez la vie qu'il dynamise au sein de l'univers. Oh ! Mais pas uniquement chez les fous ou les êtres malsains qui officient dans les synagogues, les églises et les mosquées pour protéger leurs intérêts. Non, faites savoir à chaque instant, par vos sourires, par votre joie de vivre, par votre amour d'autrui et en prenant soin de chacun ici-bas le bien que cela fait d'être en vie. Aimez-vous les uns les autres. Faites savoir que vous êtes tous des frères. Pour plaire à Dieu, certes, mais surtout parce qu'il vous est agréable de vivre ainsi.

Le 14 juin 2010, une grande partie du Grand jugement est déjà écrite. Cependant, il reste bien des chapitres à terminer. Il est vrai qu'il est volumineux, car il devrait faire près de huit mille pages. Il est heureux qu'il en soit ainsi, car sachant ce qui peut arriver après sa publication, mieux vaut que je prenne mon temps. Je pense que si j'ai eu peur d'être découvert, ce n'est certainement pas du fait que je pus être pris pour Jésus Christ, mais parce que les risques, qu'encourait tout voyageur immergé en un quelconque lieu de ce monde, devaient être assez grands pour que cet avertissement fût inclus dans son épaisseur perceptive. Comprenez bien qu'à cet âge, je n'avais pas encore pleinement conscience que les religions n'étaient toujours que des constitutions chamaniques qui permettaient aux élites d'user de fortes émotions pour conditionner et manipuler les croyants. Je ne savais pas que les élites avaient conçu un monde de chienlit qui leur permettait de parasiter les

Le miracle de la montagne à la croix.

besogneux en massacrant de temps à autres quelques
indésirables en surnombre pour se garantir la soumission des
survivants des carnages. Les rapports bellicistes étaient
sanglants et les psychoses religieuses étaient conçues pour
les stimuler.

Ainsi, vous avez de quoi cogiter sur les raisons qui
amenèrent l'Élysée et le Vatican à ordonner que le Messie,
qu'ils crurent que j'étais, se damne pour que chacun soit enclin
à le condamner à être torturé et tué. Mes agresseurs, par leurs
agissements, transformèrent donc l'Ange Gardien de la Terre
en un Ange de l'Apocalypse. Ce qui est très problématique,
car cela signifie que l'incidence de l'Interférent n'est plus la
bien venue ici-bas. Or, vous pouvez découvrir ce qu'il en
advient des mondes qui agissent aux dépens d'un Immergé en
observant tout simplement le ciel étoilé. Chaque fois que vous
détectez une supernova ou un sursaut gamma, c'est un
monde qui agit à l'identique du vôtre qui disparaît pour avoir
atteint l'aboutissement biogénique.

Souvenez-vous de la prophétie qui annonça :

- Et les morts se lèveront.

Vous savez déjà que l'Interférent en fut capable, car
cela eut lieu lors du miracle de la montagne à la croix. Cela dut
être un grand spectacle que les quatre chenapans ne durent
pas oublier. C'est en vertu de cette prophétie que je redoutais
d'être reconnu. M'ayant identifié, tous les psychotiques et
autres malades en souffrance de ce monde se seraient
précipités sur moi pour bénéficier du miracle qu'ils en
espéraient. Or comment pouvais-je faire des miracles alors
qu'en Chine, par exemple, des millions de personnes
mouraient alors de faim tous les ans ? En outre, je craignais
que le miracle de la montagne à la croix révèle quelle était la

prophétie que l'Immergé allait être amené à mettre en scène. Mes agresseurs n'étaient pas loin en choisissant le Messie, mais ils se sont tout de même trompés de personnage. Je n'étais pas cette fantasmagorie-là, mais un personnage, dont Jean de Patmos, qui réalisa le glissement de l'hébraïsme au christianisme, eut la vision en étudiant les textes de Daniel. La damnation de la monture d'un vert cadavérique, que chevauchait le quatrième cavalier de l'Apocalypse, n'avait aucune importance. Mais, à travers lui, mes agresseurs voulurent damner l'Interférent. Ce qui ne peut avoir que des conséquences très regrettables, car l'Immergé, qu'il fit apparaître ici-bas, doit lui permettre de conduire selon son jugement les derniers instants de l'aboutissement biogénique.

...

Le Seigneur d'Avaris de la treizième dynastie du Second Empire, Moïse, sera-t-il alors là pour conduire son peuple vers de vertes vallées ? Eh oui ! Bande de mécréants, Adam et Ève ne sont que la transposition dans la mémoire juive de Chou et de Tefnout auquel Atoum donna la vie. Le paradis perdu du Premier Empire fut englouti par un gigantesque raz de marée qui fut suivi d'un déluge qu'un astéroïde qui tomba dans l'Océan Indien dut faire survenir. À la fin du deuxième empire, ce peuple s'était relevé et les marchands du delta du Nil rayonnaient sur l'ensemble de la Méditerranée. Le peuple d'Avaris avait acquis la réputation d'âpres négociateurs qui dut même faire apparaître l'usage du mot avare. Ses prêtres qui étaient des scientifiques et des médecins, qui étaient donc très instruits, savaient que le volcan, qui crachait ses cendres, était le Santorin. Lorsqu'ils ressentirent l'explosion qui dut les secouer, immédiatement, l'ordre d'évacuer les côtes fut donné. Étant séparés d'un point haut par la mère, ils profitèrent du reflux qui précéda le raz de marée pour l'atteindre. C'est ainsi que l'exode commença, car

Le miracle de la montagne à la croix.

les points d'eau furent pollués par les cendres, le sel de la mer et les cadavres des personnes et des animaux. La pestilence et la famine s'installèrent. Ils mangèrent leurs premiers-nés avant que Moïse ne donne l'ordre de quitter le pays.

Prenant son bâton de pèlerin, dans un premier temps, il marcha vers le sud du côté du Sinaï où il aurait antérieurement séjourné. Puis la multitude remonta vers la Palestine pour tenter d'atteindre Byblos et demander asile et assistance à ses amis phéniciens. C'est ainsi qu'une partie des bâtisseurs de pyramide du deuxième empire s'installa en Palestine, comme les Normands s'installèrent en Normandie. C'est alors que déferlèrent les Hyksôs qui envahirent la basse Égypte, certainement du fait de l'appel à l'aide qui fut alors entendu. Selon toute vraisemblance, il s'agissait de peuplades qui désiraient assister les survivants de la Basse-Égypte. En effet, leurs dignitaires étaient revêtus des rites égyptiens. N'oublions pas que la civilisation égyptienne s'étendait alors de la Syrie aux sources du Nil. Tout n'est pas aussi noir dans l'antiquité qu'au premier abord on pourrait le croire. Il n'y a pas eu que de grandes batailles que fait survenir le besoin de sensationnel qui est si profitable aux pourvoyeurs de mort, que sont les bellicistes dignitaires et les possesseurs des entreprises d'armement. L'assistance à ses frères existait déjà. Puis les choses évoluèrent. Les peuples de la mer et bien d'autres vinrent jouer les troubles fêtes. Le mythe de la liberté, qui est acquise par les méfaits de la fureur des éléments, laisse entrevoir que cela se passa alors que le Seigneur de Xoïs avait assujetti la cité d'Avaris. En effet, l'exode prend racine sur le terreau d'un profond ressentiment envers des brideurs de liberté.

Cependant, avant de statuer sur ma véritable identité de quatrième cavalier de l'Apocalypse de Jean de Patmos, attendons la fin du Grand jugement, car, pour moi, le folklore religieux et politique, voire sociétal, n'est qu'une histoire de composition informative contextuelle. Toutefois, ce qui est indéniable en l'état, c'est que je fus condamné à mourir tout au long de ma vie dans les trois ans du fait des pronostiques vitaux, que firent les médecins selon l'évolution de ma dilatation des bronches qu'ils envisagèrent. Ma photo, qui est jointe à ce document, donne même corps de façon inattendue et non préméditée au cheval vert cadavérique que monte le quatrième cavalier de l'Apocalypse qui façonna dans son jardin son bâton de pèlerin. Je représente cette fantasmagorie incidente par une triskèle celte qui est entourée de trois esprits que figurent trois colombes de Montségur. Eh oui ! J'ai décidé d'être la Triskèle qui conduit la marche des temps que le miroir incident dynamise selon les lois qui régissent l'univers. Je considère que je suis l'amalgame perceptible du cheval vert cadavérique que monte un invisible Interférent dont la mythologie religieuse chrétienne définit être le Père, le Fils et l'Esprit sain. Bien sûr, je sais que l'outil n'est pas la conscience qui le manipule, mais comme je me perçus à plusieurs reprises comme étant en dehors de mon corps, je conseille à chaque lecteur de se faire sa propre opinion sur la justesse de ma prise de décision.

En attendant l'aboutissement biogénique que conduit le miroir incident, entre les séances de torture que mes agresseurs perpètrent à mes dépens et entre tous les meurtres, voire les génocides, que chacun commet ici-bas en s'y investissant ou en laissant faire par intérêt, je souhaite à tous les assassins beaucoup de beaux rêves. Qu'ils continuent donc à prier Yahweh, Dieu, Allah ou Jéhovah, qui ne représentent le plus souvent que le potentiel incident de la biogénie. Qu'ils ne s'adressent surtout pas à celui qui chevauche la monture cadavérique que je ne suis qu'en apparence, car il a horreur d'être dérangé par des psychotiques religieux qui parasitent leurs semblables en

Le miracle de la montagne à la croix.

volant, en agressant, en torturant et en assassinant. Il ne supporte pas les fous de Dieu, les intégristes et autres fondamentalistes qui ne voient pas plus loin que le bout de leur nez pour le bien des parasites qui en firent des pantins dont ils tiraient les ficelles selon leur bon plaisir.

Quelles en sont les conséquences ?

Sur un plan personnel, le miracle à la croix et les pensées, qui m'assaillirent alors, laissent penser que je serais le Messie que les chrétiens attendaient depuis près de deux millénaires pour le damner et Yahweh que les juifs désiraient recevoir dignement dans le Temple de Jérusalem reconstitué. Ne voulant pas être l'Oméga ni prendre part au génocide des Palestiniens, je préfère me référer à Osiris qui fut, selon la mythologie égyptienne, le fondateur de la première dynastie. Le fils d'Osiris et d'Isis aurait donné naissance au premier pharaon. C'est ainsi qu'est apparue l'eschatologie du sang bleu des nobles qui se destinaient à conduire le monde sous le regard bienveillant de Dieu. Les pères, les mères, les filles et fils des pharaons se marièrent par la suite entre eux pour conserver la pureté de ce sang originel d'Osiris et d'Isis qui coulaient dans leurs veines au lieu de se croiser avec leur peuple pour les en faire profiter. Mais, heureusement, les harems, que composaient des esclaves qu'ils fécondaient allègrement sans compter, arrangèrent la situation.

Ma préférence pour Atoum plutôt que pour Rê est normale, car je me suis fait seul. Comme je fus immergé en terres chrétiennes et que je fus damné et agressé, il apparaît que je fus rapidement identifié et que des entraves furent placées sur ma route. En m'habillant de la composante spirituelle du Messie, je ne peux plus avoir l'objectivité requise pour juger le monde. La part du jugement dernier que j'ai effectué sous l'aspect de l'Ange de l'Apocalypse démontre aisément la composante satanique biblique qui induit la subversion totale qu'il fallut dynamiser pour réaliser les insanités que j'ai révélées. Pour sortir de cette sordide ornière biblique, il faut désormais que je mette des couleurs

Le miracle de la montagne à la croix.

chatoyantes à la connaissance que je dois apporter. Bien évidemment, il n'est pas exclu que cette Isis, qui doit me redonner vie dans mon allégorique esprit d'Osiris, soit quelqu'un qu'à Lourdes vous priez, mais pour le savoir, il faudra attendre cet événement. Ces transpositions en de mythiques esprits me permettent de définir un opérateur implicatif qui constitue une personnalité qui m'alloue le moyen de penser sans parti pris ou sans apriori. La distance perceptive que j'acquiers ainsi sur les raisons du traquenard, qu'il semble que l'on me tendit depuis mon enfance et que je mis en lumière dans le jugement dernier, me fait désormais percevoir que j'ai interprété la réactivité de chacun des intervenants présumés selon la saine imagination que j'en avais. Les raisons de l'agression que je subis ayant été à constitution biblique, il faut que je discerne la connaissance acquise sous un autre angle d'approche ou au travers d'un autre œil que celui qui me fut concocté par la chrétienté. Or celui d'Atoum ou d'Osiris est approprié. En outre, l'usage de ces êtres mythiques me fut imposé de façon implicative et contextuelle.

Ainsi, selon ce que j'ai perçu, il semble que je sois né dans des conditions qui furent soupçonneuses pour mon entourage. De plus, j'ai été impliqué dans le miracle de la montagne à la croix au vu et au su d'un bon nombre de personnes. En outre, j'ai été condamné à mourir sous peu depuis mon enfance par l'évaluation de mon état de santé qu'en fit le corps médical. Mais, malgré cette échéance ultime alors même que j'ai subi une multitude d'exactions qui étaient destinées à me tuer en détruisant, entre autres, mes ultimes capacités respiratoires, je suis resté relativement performant jusqu'à ce jour. Sans oublier le caractère très ésotérique de mes pensées, de mes écrits, des quelques délocalisations que j'ai vécues et de mes capacités mentales inaccoutumées pour un homme qui n'a reçu qu'une instruction limitée.

Quelles sont les conséquences ?

L'irradiation, que j'ai subie, ou la pointe de l'épée, a fait apparaître un kyste sur le rein droit qui a atteint 4,5 cm en été 2010. Ce sont les douleurs qui irradiaient de la colonne vertébrale au duodénum qui m'alertèrent sur sa présence. Curieusement, le corps médical et les pouvoirs publics semblent l'avoir su depuis mon hospitalisation de l'hiver 2007, mais il semble qu'ils décidèrent que le mieux était de l'ignorer. Ils ne m'avertirent donc pas du danger que j'encourais. Les médecins se concertèrent-ils pour ne pas me soigner dans le prolongement de ma mise à l'écart des soins appropriés dont j'aurais dû profiter ? Malgré leur serment d'Hippocrate, ont-ils décidé d'obéir aux ordres de l'Élysée, du gouvernement français, de la direction du patronat, des dignitaires de l'UMP ou du PS et autres instances cléricales ? Bien sûr, chacun peut se réfugier derrière la folie présumée dont je fus affublé par les psychiatres, mais le généraliste, qui m'envoya paitre l'œil mauvais lorsque je lui ai demandé de m'accorder un séjour en cure thermale, le fit face à moi. Alors que je travaillais dans des conditions respiratoires épouvantables, il m'affirma d'un air dédaigneux qu'il n'y eût aucune raison pour que je puisse en bénéficier. Il confirma par ce biais l'emprise néfaste sur ma vie qu'eut le pneumologue qui était le Médecin du travail dont j'étais le patient. Alors qu'une pollution dirigée était entreprise à mes dépens pour plaire à mes agresseurs, il s'investit auprès de la direction de l'usine où je travaillais et auprès du généraliste précité pour que je sois affublé des raisons des maladies professionnelles. Il usa d'un code entre médecins scientistes qui insinuait les raisons du non-soin à apporter qu'il mettait en avant. Cela se transforma en une légitimation de ma mise à mort par le corps médical et mon entourage.

Ma déchéance par pollution interposée, qui devait donner du corps à ma damnation, fut réalisée sous le gouvernement de gauche du président Mitterrand que l'armée

Le miracle de la montagne à la croix.

et les financiers avaient propulsé au pouvoir. Ma mise à mort fut par la suite intensifiée sous le gouvernement Chirac du même président toujours sous le couvert de ma damnation sexuelle qui fut instrumentée au milieu des années 1970 sous la présidence de Giscard. J'ai donc réellement besoin d'être Atoum ou Osiris, c'est-à-dire les idées très éloignées de ce monde chrétien, pour faire une synthèse objective des turpitudes que je fus amené à vivre. En outre, Osiris est le Dieu des médecins par l'œil duquel il faut dès lors que je les juge. Il n'est pas dans la coutume du corps médical de marcher dans les pas des agresseurs d'une personne vulnérable. La raison de cette insanité hors du commun dut dès lors être impérieuse aux yeux des soignants qui décidèrent de ne pas m'assister et qui s'investirent même à mes dépens. Quel acharnement à mon détriment ! Désirez-vous réellement assister à un miracle en me tuant ? Êtes-vous toujours au niveau intellectuel des Incas ? Mais il est vrai qu'Osiris est là, vous êtes donc déjà dans la chambre des morts, car votre état d'inhumanité a déjà été constaté avant mon immersion en ce monde. Cependant, il faut que je joue au con jusqu'au bout pour que les pourris puissent être protégés. Alors, jouons pour le bien des voleurs et des assassins. Ce n'est plus le lieu pour insulter, certes, mais c'est si agréable après ce qu'ils me firent subir.

...

Sur un plan général, au vu des croyants, je ne peux pas être Dieu ou le Messie, car j'ai été malade tout au long de ma vie. Toutefois, alors que mon frère dut être assassiné en juin 1968, par une ponte du gaullisme, qui semble avoir reçu le surnom de la matraque pour ce coup d'éclat, mon témoignage avertit les décideurs que je savais ce qu'il en fut. L'assassin et ses amis de mon frère Robert durent alors faire de leur vie une entreprise de destruction de ma personne en jouant avec elle au Messie à damner. Il y eut dès lors préméditation des exactions que j'allais subir. Rien ne survint donc sans raison préétablie. Bien sûr, toute la pègre gouvernementale, voire politique, dut faire siens les objectifs que l'assassin et ses amis se fixèrent. C'est cette agression perpétuelle et prédéfinie qui m'amena à entreprendre une enquête approfondie de laquelle découla le jugement dernier. Après le meurtre de Robert par un dignitaire du gouvernement qui dut être un gaulliste de poids, l'exécutif fut tout naturellement chargé de m'espionner sans relâche. Les comptes rendus, que le gouvernement et les dignitaires gaullistes reçurent, les informèrent sur ce qu'il en était réellement de ma condition de personne vulnérable. C'est ainsi qu'ils furent amenés à concevoir de me faire rejeter sans éveiller les soupçons, car l'agression d'une personne vulnérable, qui semblait être bénie des dieux, pouvait avoir des remous incalculables pour les élections futures. Les gouvernements successifs conçurent alors qu'il leur fallait agir intelligemment. Lorsque survinrent les accidents dans le laboratoire de recherche sur les armes biologiques, Diamant, qui appartient désormais au groupe Sanofi Aventis, et desquels put même découler le SIDA, il dut proposer que je sois utilisé comme couverture. Il est for probable que mes agresseurs durent alors monter un stratagème de damnation avec l'aide des instances exécutives qui allait impliquer l'Inquisition, le patronat et le corps médical dont se servait l'armée pour réaliser les expériences de guerre bactériologique sur des cobayes non consentants.

Dans le dessein de m'éliminer silencieusement ou selon l'omerta qui règne lorsqu'il s'agit de supprimer en sourdine un trouble-fête, les gouvernements, voire la cellule de l'Élysée, durent concevoir un dossier compromettant qui allait servir à m'incriminer aux yeux des membres de ma famille, des services publics et des médias. Ainsi, selon les apparences, la suppression du handicapé, que mes réels agresseurs des

Le miracle de la montagne à la croix.

instances exécutives allaient monter en concevant qu'ils éliminaient un activiste communiste, voire un terroriste, allait être le fait des membres de sa famille et de toutes les personnes qui allaient se porter volontaire pour leur venir en aide aux dépens du damné sexuel à châtier. L'image de l'activiste communiste allait inciter le patronat à prêter main-forte à l'opération. D'autant plus qu'alors le MEDEF était aux mains du syndicat de la métallurgie dont il était vital de dissimuler les maladies professionnelles. La damnation sexuelle allait être la cause de toutes les maladies respiratoires et surtout de la survenue du VIH qui allait faire mousser les consciences de rejet des malades dans le sens attendu par ses propagateurs. L'implication du corps médical dans les insanités, que la recherche sur les armes biologiques lui imposait de commettre, ne pouvait être qu'acquise. Même les services sociaux et les médias allaient se précipiter derrière le paravent des comportements déviants que chacun brandit comme responsable des conséquences de la recherche sur les armes biologiques et les maladies professionnelles.

...

Ce n'est dès lors nullement l'ensemble des croyants qui s'en prit à moi, mais uniquement les terroristes chrétiens qui besognèrent aux ordres des instances exécutives, du patronat, du corps médical, des services à la personne et des pouvoirs publics. Pour les autres, qui ne sont plus très nombreux dans mon environnement, ce que je perçois d'eux ne doit pas être au diapason de ce que ressentent ces agressifs fondamentalistes ou intégristes, voire partisans ou parasites. Eh oui ! Lors de la survenue d'un éventuel Ange Gardien ou d'un Messie, leur unique objectif doit être d'en obtenir l'éternité. S'ils sont devenus des fanatiques ou des psychotiques religieux, c'est qu'ils se sont convaincus que la foi en Dieu allait le leur permettre dans des temps plus ou moins lointains. En effet ! Le jugement dernier définit que la foi n'est que la conséquence de l'instinct de conservation qui turlupine plus intensément les croyants du fait de sa réactivation constante. La foi est la satisfaction de pouvoir se croire éternel par sa croyance qui met en sommeil la peur de la mort que l'instinct de conservation engendre. Penser à Dieu à tout instant, c'est donc, en définitive, titiller l'instinct de conservation à tout moment. Il est bien certain que plus on est pratiquant et plus l'on espère une existence post mortem et plus on pense à son inévitable mort qui peut survenir à tout instant. L'analyse du jugement dernier souligne même que ce fut la volonté de se croire invulnérable qui fit édifier les rites religieux. Contrairement à ce que le commun des mortels est amené à croire, les chamans ne se fixèrent nullement l'objectif de faire croire aux personnes âgées qu'ils allaient vivre éternellement. Eh non ! Comme actuellement, les temps étant difficiles, chacun était bien content de se débarrasser de leurs boulets qu'étaient les handicapés et les vieillards. En outre, les chamans étaient les partenaires des dominants qui cherchaient à user à leur profit du bellicisme qui habitait de façon récurrente la meute guerrière qu'ils contrôlaient. Leur seul dessein était donc de parvenir à conditionner les chasseurs et les guerriers à affronter le risque de mourir avec le cœur plus léger. C'est ainsi que, dans un premier temps, la foi fut le moyen de parvenir à l'insouciance face à la mort, que recherche tout combattant. En effet, la foi permet aux guerriers de devenir plus performants, car ils sont alors plus insouciants des risques mortels encourus lors des combats contre de dangereux prédateurs et de terribles ennemis.

Cependant, depuis ces premières heures de chamanisme où l'on dansait autour d'un totem pour déterrer la hache de guerre ou fumer le calumet de la paix, la religiosité est tombée aux mains de prêcheurs qui passent leur vie à

Le miracle de la montagne à la croix.

cogiter sur leur potentiel à devenir éternel. L'acte de bienveillance à leur égard, que leur aurait promis l'Interférent qui se serait adressé à eux dans leurs ouvrages sacralisés, a pris une essence spirituelle de premier plan. En quelque sorte, ce ne sont plus des chamans, mais les psychotiques religieux, qui sont habités par la foi la plus importante, qui deviennent des prêcheurs. Ce sont donc les croyants, dont l'incidence sur le mental de l'instinct de conservation est la plus exacerbée, qui deviennent des prêcheurs. En effet, plus les mortels ont la frousse de mourir et plus l'espoir de vivre éternellement, que l'espérance d'une vie post mortem peut leur procurer, a un fort impact.

En Occident, c'est donc principalement l'Ancien Testament qui est responsable de la foi du fait de la résurrection des morts qui devrait avoir lieu à la fin des temps. Or, Le jugement dernier, que j'ai effectué, souligne que dans notre univers matriciel, il n'y aura pas de fin des temps, car il se présente un éternel recommencement en son sein. Eh oui ! L'apocalypse restructure la matière que la perte de signal fait disparaître et elle se doit donc de répandre tout autant la vie. En considérant la transformation du soleil en supernova, il est simple de concevoir que la face de la Terre, qui sera alors ensoleillée, se retrouvera en enfer et que celle, où il fera nuit, sera projetée dans les cieux. Certains êtres vivants brûleront donc en enfer et d'autres monteront aux cieux en pièces détachées. Par la suite, de futures Jérusalem célestes se constitueront lors de l'accrétion de futurs systèmes solaires. Nous constatons ainsi qu'entre les délires des chamans, qui survinrent alors qu'ils s'ingéniaient à trouver des moyens de plus en plus performants d'inciter les chasseurs ou les guerriers à risquer leur vie, et la réalité, il y a une très grosse différence.

…

La recomposition, qui s'effectua lors de l'accident du wagonnet, peut laisser présager que l'Ange Gardien, qui aurait joué le rôle de ce Jésus Christ qui aurait été crucifié, put bénéficier de l'interférence du miroir incident lors de sa résurrection. Cependant, l'analyse du jugement dernier, que j'ai effectuée, réfute la véracité de la fantasmagorie que le Nouveau Testament prétend être la vérité. Il est vrai que ce fut dans un premier temps du fait de l'impact négatif qu'eurent les exactions des sectes chrétiennes en ce monde. Mais j'ai résolu ce dilemme en découvrant la bivalence de l'instruction religieuse chrétienne. L'Ancien Testament conçoit dans le mental des parasites le Dieu belliciste, élitiste et prosélytiste alors que le Nouveau Testament édifie dans la conscience des besogneux le pacifisme et l'humanisme qui doivent les amener à se soumettre sans rechigner aux velléités parasitaires des dominants qui sont consacrés.

Il faut bien constater que l'étude de la Bible souligne bien d'autres invraisemblances, voire d'impropres réalités, dans la virtualité hébraïque qui est enseignée. Mais peu importe la véracité des fondements des croyances, car ce qui compte en définitive pour les prêcheurs, ce n'est pas le folklore verbal qu'ils utilisent, mais la foi inébranlable qu'il permet de concevoir. À leurs yeux, selon les textes sacrés, l'Interférent leur a promis la vie éternelle, du moins s'ils faisaient preuve d'une fervente croyance. Ayant voué leur vie à la vénérer et à la glorifier, ce qu'ils attendent d'elle, lorsqu'elle pointera le bout de son nez, c'est qu'elle leur apporte l'éternité. Peu importe pour les prêcheurs catholiques que leur éternité supprime la vie, car ils ont décidé de faire le sacrifice de l'enfantement. Eh oui ! Peu importe pour les psychotiques en soutane qu'il ne puisse plus y avoir de naissance du fait de la saturation du monde qui en adviendrait. Ils ont décidé de ne pas enfanter. Peu leur importe qu'il n'y ait alors plus de vie possible, car seul compte pour eux leur

Le miracle de la montagne à la croix.

besoin de satisfaire leur instinct de conservation qu'exacerbe la psychose religieuse dont ils souffrent. Ils veulent pouvoir jouir avec concupiscence d'une vie figée indéfiniment dans un passé révolu, et cela, pour l'éternité sans avoir à se concevoir un devenir de biens qu'ils apporteront aux générations futures. Eh oui ! Le besoin d'accéder à la vie éternelle est également issu du besoin de ne plus avoir à cogiter sur l'accès à ses besoins futurs tout en continuant à jouir de toutes les émotions que le corps constitue pour amener les mécanismes biologiques à être vivants. La vie est la dynamisation du traitement des perceptions qui permet de concevoir le devenir.

Examinons donc ce qu'a promis Dieu selon les textes sacrés que les chamans conçurent :

- J'apporterais la vie éternelle aux humains qui n'ont pas perdu l'âme que je leur ai allouée.

Pour savoir s'ils méritent l'éternité, il suffit donc de déterminer si les homos sapiens ont une âme. Il faut donc déterminer s'ils sont parvenus à l'humanité ou s'ils sont restés des animaux. Sont-ils parvenus à contenir la surpopulation sans s'entredéchirer en enfantant raisonnablement afin qu'aucun conflit territorial n'apparaisse ou qu'aucune rébellion d'accession à un minimum de ressources ne survienne ? Les paroles d'amour et de paix, qui sont dans le chapitre XVI du jugement dernier, qui s'intitule l'absolu est ma quête, furent-elles la référence éthique et morale de ce monde ? Les paroles de Moïse ou du Messie ne furent-elles pas qu'une quête de la brêle dont tout le monde des médias se moquait ouvertement ? Une prophétie de damnation du pacifiste et humaniste Messie ne fut-elle pas prononcée et entreprise pour que l'élitisme, le parasitisme et le prosélytisme darwiniens, que conçurent les dominants avec l'aide des chamans, ne puissent pas être remis en cause ? Un traquenard de damnation et de mise à mort ne fut-il pas confectionné par le clergé, le nobiliaire et leurs suppôts à mon détriment pour contrer ma destinée ? Alors que j'avais subi de multiples tentatives de meurtre et que j'ai appelé le monde à l'aide, une justice humaine fut-elle instruite pour que les justes puissent venir me secourir ? Aucunement ! Seuls de nouveaux moyens de me mettre à mort sous la torture furent alors expérimentés à mes dépens par l'État dans le dessein de me museler et de dérober les fruits de mon labeur. Si votre généraliste vous demande le sourire aux lèvres comment vous vous portez et qu'il fait mine d'ignorer que vous avez un kyste sur le rein droit qui vous fait souffrir de la colonne vertébrale au duodénum, n'êtes-vous pas en droit de considérer que quelque chose est pourri dans ce pays ? Si les médecins se mettent désormais à agir à l'encontre d'une personne vulnérable dans le sens de la machination de la matraque et de ses amis, que pouvons-nous encore espérer ?

Où se situe donc l'humanité en ce monde pour que les mécanismes biologiques de classe humanoïde puissent prétendre avoir une âme ? Où se situent les conséquences des incidences qu'eurent les cavaliers des cieux qui chevauchèrent ces montures animales ? Sont-elles discernables sur les trônes dorés ? Se découvrent-elles dans l'usage du glaive et du fouet ? Se situent-elles au bout du fusil ? Se rencontrent-elles dans la valeur les comptes en banque ou des portefeuilles boursiers ? Être habité d'une âme, est-ce faire usage de protocole de conditionnement et de manipulation mentale des masses ? Est-ce employer des procédés psychotechniques au détriment de ses semblables ? Concevoir une pyramide franc-maçonne mondiale, qui sera hiérarchisée de la base à son sommet par la part de préséance appropriative et décisionnelle acquise, est-ce là l'œuvre d'une humanité que les âmes édifièrent ? Établir le féodalisme financier planétaire pour rentabiliser au mieux les

Le miracle de la montagne à la croix.

domaines financiers internationaux, qui furent conçus en spoliant les communautés de leurs activités, est-ce une preuve d'humanisme divin ? Avoir conçu un opérateur spéculatif mondial, quelle belle trouvaille humaniste fut conçue là ? Avoir supprimé les activités locales pour concevoir le moyen de contrôler les lieux de productions et de distribution des ressources, quelle belle preuve de civilité ? Les ressources énergétiques se raréfiant, des humains auraient renforcé les activités locales. Ils auraient réalisé une économie modulaire pour parer l'éventualité d'une catastrophe afin que les parties scènes puissent secourir les régions détruites.

Avoir rejeté la démocratie, où chaque parole et chaque vote détiennent le même poids décisionnel, afin de pouvoir user en toute impunité de la rentabilité du travail, de la loi du marché, de l'usure et de la spéculation pour accaparer les fruits du labeur des besogneux, n'est-ce pas là une mesure inhumaine que seuls des animaux pouvaient concevoir ? Même les Roms et autres gens du voyage sont à bannir de nos sociétés, pourtant c'est la mémoire de ce que tout humain était. L'avez-vous oublié ? Vos aïeux étaient tous des nomades et vous voulez supprimer jusqu'à ce souvenir pour être à même de régenter la vie de chacun. À cet endroit, roulez à la vitesse 60 km/h, ici à 30 km/h et là-bas à 110 km/h. Et si vous les éduquiez à être maître de ce qu'ils font. Dans le même état d'esprit, si vous ne voulez pas que les femmes se fassent enculer, éduquez donc vos enfants. Croyez-vous que les prêtres d'Osiris infibulaient les filles pour que les hommes aient l'impression de les sodomiser lorsqu'ils les montaient comme des animaux ? Quoi ? Je rêve ! Vous ne regardez pas la télé ?

- Pourquoi faites-vous subir cela à votre fille madame ?

Quelles sont les conséquences ?

- Je veux qu'elle puisse donner plus de plaisir à son mari.

Rétrécir l'entrée du vagin en supprimant le clitoris pour que la verge soit plus stimulée. Où va-t-on ? Supprimer le plaisir de la femme pour augmenter celui de l'homme, en voilà une trouvaille. Diminuer le bienêtre des indigents pour augmenter les aises des élites, n'y voyez-vous pas d'analogie avec l'insoutenable qui est précité ? Ne faut-il pas que cela se sache ? Un Dieu ne cache pas le mal qu'il a fait, il faut que cela serve d'exemple, certes, mais il n'a mutilé personne. En outre, ma femme pouvait à tout instant se soustraire de mon étreinte. De plus, nous nous sommes quittés bons amis et nous avons divorcé par consentement mutuel. Prenez-en de la graine, messieurs les Grands de ce monde, vous qui désirez dissimuler derrière la damnation sexuelle d'un Messie vos monstruosités. Il est vrai que vous êtes si écœurant, que des boucs émissaires et des faux-semblants sont nécessaires. Redescendez de votre piédestal et posez donc un peu les pieds sur la terre, ce sont des humains dont vous avez la charge et non pas des portefeuilles boursiers.

Filtrer l'accès aux soins par le niveau social ou financier des patients, est-ce cela votre sens de l'humanité ? Faire payer les personnes en souffrance pour qu'elles puissent être soulagées, quelle étonnante humanité avez-vous constituée ? Mais l'accès au Temple où officiaient les prêtres d'Osiris était ouvert à chacun. Des mères Térésa il y en avait à foison. C'étaient des hommes instruits. Ils étaient les notables de la société. C'était des médecins qui accueillaient tous les patients. Ils étaient pétris de l'amour qu'il fallait donner pour remédier à la souffrance. On ne soigne pas un malade sans lui prodiguer de l'amour tout de même. Ils ne soignaient pas le cœur froid et distant pour ne pas ressentir une émotion qui leur aurait été pénible à supporter. Quand un malade leur

Le miracle de la montagne à la croix.

claquait dans les mains, ils étaient fiers de pleurer de chagrin, car c'est alors leur humanité qui s'exprimait.

- Au revoir mon ami, là où tu vas, tu seras bien.

Ils se prosternaient devant cette âme qui les quittait. Lorsqu'ils sauvaient une vie, ils explosaient de joie. Ils étaient des Dieux aux yeux de leurs patients qui ressentaient l'amour infini qu'ils avaient pour eux. Leur mental avait été pétri par Dieu et ils étaient habités par la hâte de servir leur prochain. Les prêtres d'Osiris n'étaient pas des rabbins, des mollahs ou des curés. Ils ne pensaient pas qu'à accéder à l'immortalité en usant constamment de futiles rituels sans intérêts. Les prêtres d'alors s'occupaient des corps de leurs patients au point de désirer pour eux la vie éternelle. Ils ne désiraient pas parvenir à la vie éternelle, ils désiraient la donner. Vous ne savez plus ce que c'est d'aimer à ce point. N'avez-vous plus envie d'édifier un Taj Mahal en souvenir de vos êtres chers ? Est-ce votre humanité qui a conçu en ce monde le vide sidéral de l'amour d'autrui. N'y a-t-il qu'en la lapidation que vous trouvez votre bonheur ?

Les prêtres d'alors savaient qui avait été Atoum et ils y croyaient. Imhotep vénérait le Grand Scarabée qui tenait la Terre dans les cieux il y a de cela près de cinq mille ans. Ils se seraient tous prostitués en souvenir de lui. Ce message, la Triskèle vous l'apporte gratuitement d'un ailleurs que vous ne pouvez imaginer, ce n'est pas du Harry Potter, certes, mais c'est déjà mieux que rien. N'oubliez pas que je ne suis pas d'ici. Je ne suis que le souffle du vent qui passe. Qu'un buisson ardent qui luit au soir couchant. Tout ce que je réalise se trouve dans la part divine de votre conscience collective que nul n'a désiré voir, car elle était trop dérangeante à vos yeux. Vous l'avez profondément dissimulée pour que son incidence ne vienne pas réfréner les insanités que vous désiriez perpétuer par intérêt. Quand vous réactualisez l'histoire ou bien quand vous décrétez des lois, faites-le au moins avec vos tripes et non selon les profits que vous envisagez d'en tirer. Quand vous prenez une décision, même aux dépens d'un ennemi, pensez aux conséquences pour l'être sans défense qui est à votre merci. Il est humain tout comme vous. N'est-ce pas votre frère ? Faut-il que je l'articule ?

Ah ! Nous y sommes. Je me prends pour Dieu. Je suis complètement cinglé. J'ai pété les plombs. Il y a des courts-circuits dans mes boyaux de la tête. Je vais finir dans un asile. Mais voilà, je fus curieusement habité lorsqu'un soir, au printemps 1967, j'ai eu des pensées lascives envers mon frère. Pourtant, je n'ai jamais été homosexuel. Mais voilà, alors qu'en voiture, je faisais des caresses intimes à ma compagne, j'ai eu un moment d'absence. J'ai repris ma lucidité alors que mes doigts baladeurs s'aventuraient en des lieux interdits pour les consciences bibliques. À chaque fois, me secouant et reprenant mes esprits, je me suis dit :

- Mais qu'est-ce qui me prend ?

Bien sûr, j'ai pensé à une déficience mentale. L'abcès sous-temporal droit qu'une inflammation de la trompe d'eustache fit survenir au niveau du tympan vers le milieu des années 1960, qui ne fut soigné que durant l'été 2010, semble corroborer cette hypothèse. Mais voilà. L'imprégnation mentale que je subis à ces moments-là, je l'ai ressenti juste avant qu'un curieux accident fît survenir le signe d'Osiris. Or mon mental perturbé ne peut pas agir sur la matière selon l'avis des neurologues. Pourtant, cela se produisit à d'autres reprises. En outre, je fus souvent amené à agir dans un sens attendu par des tiers ou selon le contexte. Que j'agisse individuellement de façon implicative, cela se conçoit par

Le miracle de la montagne à la croix.

l'ingérence de l'inconscient, mais collectivement, c'est assez surprenant. Je ne suis pas censé pouvoir diriger une action de groupe, voire d'un pays ou même du monde.

Quelqu'un détient donc le pouvoir sur moi et mon environnement. Il agence même le devenir collectif. En observant le monde et les hallucinations sonores qui l'accompagnent, je suis même parvenu à percevoir que cela se passe ainsi à l'échelle planétaire. Selon ma perception, un Zidane devait même servir Dieu d'un coup de tête et cela s'est produit. Nous sommes dès lors bien dirigés pour nous impliquer dans un sens attendu par une force qui agit même sur la matière. Il ne s'agit dès lors pas uniquement d'incidences psychotechniques, car seul le miroir incident peut orchestrer ce genre d'interférences mécanistes d'ensemble. Cette réflexion me fait comprendre que je peux désormais me prendre pour Osiris, mais pas encore pour Atoum pour des raisons que j'ignore. En outre, l'on me laisse clairement entendre qu'il ne faut pas que je fasse confiance aux médecins. Je ne dois pas me faire tripoter l'organisme par ces gens-là. Il reste à en déterminer les raisons. Or, à plusieurs reprises, cette force semble vouloir me mettre en situation de faire des miracles. Pourquoi faudrait-il que je me mette à guérir les souffrances du monde qui sont innombrables ? Pourquoi faudrait-il que ce soit le maître d'œuvre alors que l'Interférent peut très bien le faire seul ?

Est-il si important que cela de refaire le coup de Jésus-Christ ? Un crucifié n'a-t-il pas suffi ? N'ont-ils pas suffisamment tué de saints ? Faut-il faire de moi un phénomène de foire ? Parmi les cent millions de morts par ans, qui faudra-t-il que je sauve ? Parmi les centaines de millions de malades par ans, quels sont ceux qu'il faudra que je guérisse ? Faut-il que je prouve ce que j'avance ? Sont-ils tous des Saints Thomas ? Qui donc veut que l'on cesse de s'attaquer à moi pour éviter je ne sais quoi, mais que tout le monde semble craindre ? Suis-je obligé de refaire l'extraordinaire à chaque fois qu'un Saint Thomas le désirera ? Trop pressé de dérober mon labeur, avez-vous bien conscience de l'importance de la globalité de mes écrits ?

Vous croyez bien au contenu de la Bible et du Coran alors que le jugement dernier a démontré que ce sont des ouvrages chamaniques qui s'appuyaient sur une histoire frelatée ou faussement interprétée ? Le pape fait-il des miracles pour prouver son droit à être la référence morale des catholiques ? Hamid Karzaï a-t-il fait des miracles pour défendre la sainteté du Coran ? En le brandissant, a-t-il ressuscité les centaines de milliers d'Afghans que ses amis de l'OTAN ont assassinés pour l'apporter au pouvoir ? Ressent-il la nécessité d'être le défenseur de l'islamisme pour redorer son blason d'assassin qui s'enfuit lors de la révolution que firent les pères de ses victimes d'aujourd'hui ? Brûler un livre, est-ce plus criminel que de tuer pour le pouvoir ? Les musulmans n'ont-ils pas d'imprimerie au cas où un exemplaire serait détruit ? Or, nul d'entre les assassins brandissant la foi écrite ne ressuscita jamais la victime du fanatisme que développa la lecture d'un livre saint. Voulez-vous dissimuler vos monstruosités parasitaires sous le couvert des fous de Dieu qui auraient été insultés ? Dieu n'est-il pas insulté par leur présence ? Monsieur Hamid Karzaï, *« tu ne tueras point, »* vous connaissez ? Et *« tu ne convoiteras pas les biens d'autrui ? »* Qu'en pensez-vous ? Il n'y avait pas de Russes lorsque vous avez pris la fuite. On pourrait donc même rajouter :

- Tu ne prendras pas, en usant de la force, le pouvoir que le peuple t'a refusé.

Le miracle de la montagne à la croix.

N'avez-vous pas encore compris que j'ai engagé un combat de titans ? Lors de ma naissance incongrue, j'ai été repéré par Satan. J'ai alors subi les foudres de la puissance occulte. N'étant pas encore parvenue à m'éliminer, du fait d'un pouvoir supérieur à la sienne, une obscure force tend par tous les moyens de m'amener à vous exécrer. Elle ne veut pas que je m'oppose à ses funestes desseins. En attendant le moment fatidique, je passe mon temps comme je l'entends, c'est-à-dire en apportant la connaissance qu'il est important que vous déteniez pour que soient atteints mes desseins. Je ne vais quand même pas laisser des religieux ou des militaires me marcher sur les pieds ! Avez-vous bien conscience du nombre de sacrifices que l'Interférent est susceptible d'entreprendre pour que je parvienne au terme de mon cheminement ?

Accédez à ma communauté céleste.

Le miracle de la montagne à la croix a dû vous apporter des indications quant à l'identité et au potentiel de l'Interférent qui, par les possibilités interférentes que lui procure mon corps, intervient sur cette Terre actuellement. Eh oui ! Il s'agit de l'Ange Gardien de la planète. L'Interférent a désormais fait de moi un Osiris afin que j'aie un angle d'approche autre de celui d'un Jésus-Christ. Selon le personnage que j'adopte, mon épaisseur perceptive est différente. Je change de texture de l'âme, en quelque sorte. L'Ange gardien a pour fonction d'atténuer autant qu'il se peut l'incidence de la mécanique céleste et les conséquences funestes ultimes de la biogénie planétaire. Même si, en tant qu'humain, je n'ai pas souvenance d'une intervention préalable de sa part. Ma personnalité mémorielle n'est que celle de sa monture hormis quand je me délocalise. Généralement, ma mémoire n'est donc que génomique. Cela semble vrai à part quelques incidences qui furent mémorisées pour des raisons inconnues. Eh oui ! J'ai souvenance de ce que je n'aurais pas dû être en situation de mémoriser dans des structures neuronales. J'ai vu des choses que je n'aurais pas dû voir et j'ai alors perçu par l'esprit ce qui était impensable. Mon mental n'est donc pas uniquement génomique, car le cerveau ne peut avoir souvenance de ce qui se passe alors qu'il est hors d'état physiquement de percevoir. En outre, je ne peux entrevoir la connaissance qui est hors du contexte de l'instruction que l'enseignement prodigue.

Toutefois, j'ai suffisamment bien reconstitué le passé dans le jugement dernier que j'ai effectué pour faire apparaître certaines incidences de l'Interférent ici-bas. C'est comme pour Moïse, la conscience, que je détiens quand j'utilise sa part

Le miracle de la montagne à la croix.

d'épaisseur perceptive, ressent ce qui s'est réellement passé, mais je n'en ai pas la souvenance. Il faut donc que je parvienne à me repositionner dans l'histoire selon l'épaisseur perceptive que je détiens. Or, c'est très difficile, car tout est frelaté du fait de la propagande, du révisionnisme et des psychoses religieuses. Toutefois, l'on peut discerner qu'en ces temps archéologiques, les incidences de l'Interférent furent attribuées à une force et à un esprit bienveillant. Ses intervenants furent nommés différemment selon les époques et les lieux où il opéra. L'Immergé reçut son identité propre et l'âme qui l'habitait en reçut une autre. Selon la mythologie de la Terre, cet Ange Gardien fut donc perçu comme étant Yahweh, Dieu, Allah, Jéhovah, Jésus Christ, Bouddha ou le Grand Manitou selon l'origine ethnique des chamans qui en transcrivirent les interventions enluminées des psychoses religieuses qui les habitaient.

Cependant, dans le cas des conséquences funestes ultimes de la biogénie parvenant à son terme, s'il n'est pas possible d'en interrompre l'avancement, cet Ange Gardien prendra à vos yeux l'apparence mythologique de l'Ange de l'Apocalypse. Il passera de Jésus-Christ à Atoum, ou il remontera aux origines. Son rôle sera alors d'apporter l'ultime connaissance dans le dessein de tendre à interrompre une dernière fois la marche vers l'aboutissement biogénique planétaire. Ce qui ne sera pas aisé pour moi, car je suis un malade incurable que le corps médical, les instances exécutives, le patronat, les terroristes catholiques et même sa famille se sont destinés à éliminer. Le mariage de la monture d'un vert cadavérique fut même un scandale dans le monde scientiste qu'est la France. Comment était-il possible qu'une personne vulnérable, qui méritait d'être stérilisé chimiquement selon les instances politiques et médicales, puisse se marier dans notre pays à haute culture eugéniste. Souvenons-nous que les nazis n'avaient pas perdu la guerre en cette nation, car

Accédez à ma communauté céleste.

la France collaborationniste avait été placée au sein des vainqueurs du conflit. Les insanités de tous les Mengele et autres Gœbbels nationaux pouvaient ainsi perdurer après guerre pour le plus grand bonheur des élus qui parodiaient la République et la démocratie depuis 1871.

C'est ainsi que, selon les vœux de mes agresseurs, je me suis marié un 1er avril de façon totalement préméditée. C'est selon la même instrumentation de ma vie que je me suis retrouvé à Choisy-Au-Bac, c'est-à-dire au sein du fief des cagoulards et autres terroristes catholiques de l'Opus Dei. Comme je fus placé sous l'éteignoir des largesses corruptrices de Sanofi Aventis et de Pechiney, les instances exécutives purent entreprendre ma torture mentale et faire perpétrées les tentatives de meurtre que les pontes de l'État avaient planifiées. Les conséquences de ces agissements à mes dépens seront certainement funestes, car, alors qu'un kyste se développe sur un rein et qu'il a une incidence sur la colonne vertébrale et la région du duodénum, le corps médical s'est concerté et il a pris la décision de ne pas me soigner. Paralysé par les instances exécutives, condamné à mort par les médecins, les membres de ma famille et mes prétendus amis ainsi que dénigré médiatiquement, je ne vois pas comment il serait encore possible pour moi d'interrompre les conséquences funestes de la biogénie. Or, si je me retrouve dans l'impossibilité d'y parvenir, en ultime recours, je devrais encore venir au secours des êtres qui présenteront les conditions d'humanité qui sont requises au regard de l'Interférent. Mais comment l'Immergé pourra-t-il soupeser, lors d'un ultime jugement, l'humanité qui est présente en ces lieux, s'il décède avant le terme de son action ? Comment l'Interférent pourra-t-il séparer le bon grain de l'ivraie pour que ne soient pas déplacés les animaux vers d'autres cieux ? Ne serait-il plus nécessaire d'user de ses capacités à se servir du miroir incident, lors de l'apoptose régénératrice de la planète ?

Le miracle de la montagne à la croix.

N'y aurait-il plus personne à transposer en lieu sûr par absence totale du bon grain ? En clair, n'est-il plus nécessaire que le miroir incident déplace les humains sur une Jérusalem céleste où ils auraient pu vivre à leur guise tant que la biogénie les aurait portés vers l'humanité ? Fut-il prévu que l'aboutissement biogénique devait concerner l'ensemble de la planète ? L'Interférent a-t-il déjà jugé que nulle humanité ne pouvait être présente sur la Terre ? Pourquoi faudrait-il juger s'il faut punir tout le monde ? Qu'y a-t-il derrière tout cela ? S'il fallait tous les tuer, autant le faire sans les en avertir. Oui, certes, mais aux enfers leurs âmes se situaient. Il fallait donc au préalable les soigner, car elles avaient vécu l'horreur au sein de la conscience des prédateurs. Il fallait qu'elles s'en souviennent ou qu'elles en prennent conscience.

Quoi qu'il en soit, il n'était pas très utile de perpétrer la damnation du Messie. Bien sûr, l'homocentrisme est désormais un rempart à l'intervention d'un Messie. Depuis le Siècle des lumières, les consciences éclairées l'affublent des affres cauchemardesques dans lesquels la chrétienté les précipita. Ils confondent le pouvoir despotique protocolaire qui fut conçu par les chamans pour servir les élites avec l'incidence de Jésus-Christ sur la Terre. Eh oui ! Consacrer des rois parasites et génocidaires durant moult génération, cela laisse des traces indélébiles. Cela ne veut pas dire que des voyageurs ne furent pas parachutés, mais uniquement que l'épaisseur perceptive que leurs personnages mythiques constituèrent n'est pas responsable de l'utilisation qui fut faite de l'incidence de leur passage sur la Terre. De toute façon, l'Immergé actuel n'était pas ce personnage fantasmagorique là. En effet, l'Ange de l'Apocalypse n'est que l'Interférent qui use d'un corps à sa convenance pour que le miroir incident puisse opérer selon le cadre perceptif terrien. Le cavalier de l'Apocalypse de Jean de Patmos image très bien cet état de fait. Le cavalier chevauche une monture ou l'âme use d'un corps comme un marionnettiste fait mouvoir des pantins. Cependant, bien entendu, plus proche de nos temps était l'aboutissement biogénique et plus les velléités sataniques de quiconque à son endroit allaient être intenses. La damnation du Messie et toutes les exactions planétaires, qui l'accompagnèrent, ne furent donc, sans nul doute, que la conséquence de l'état de frénésie assassine qui fut alors atteint. Il n'était pas non plus nécessaire de tendre à dérober mes connaissances, car mon objectif n'était pas de les cacher. Bien sûr, comme j'étais sous surveillance des instances exécutives de l'État despotique français, lorsque j'ai transcrit ma connaissance, il fut normal pour les roussins de se l'approprier et de la négocier au meilleur prix. Hormis le vol et l'appropriation du bénéfice d'avoir apporté la connaissance, cela ne change rien à l'objectif à atteindre. Le rôle de l'Immergé actuel était d'instruire l'humanité pour essayer d'interrompre une fois encore la marche des temps biogéniques qui conduit le monde à l'apocalypse. Mais il est vrai que, pour satisfaire leur rêve américain démesuré, les élites se conçurent le droit de tout dérober pour s'en accorder les bienfaits. Certains voisins, qui en profitèrent, en jouirent même de contentement. C'est toujours ainsi, les dominants se conçoivent le droit de dévorer la chair et de boire le sang des dominés qu'ils crucifient au labeur. Les nobles ne se destinèrent-ils pas à guerroyer entre eux pour décider qui devait pouvoir parasiter les productifs qu'ils conquerraient ? Les élites ne décidèrent-elles pas de dérober à leur profit les fruits du labeur des besogneux ? La connaissance, que les indigents acquièrent, ne ferait-elle pas partie des fruits du labeur qu'il serait bon pour les élites de dérober ?

Comment est-il dès lors encore possible de respecter les vœux de l'Interférent, qui interféra dans les temps révolus ? Comment puis-je séparer le bon grain de l'ivraie, selon l'étique et la morale contextuelle que le jugement dernier

Le miracle de la montagne à la croix.

développe ? Comment pourrais-je encore sauver tous les êtres qui étaient au diapason, par leurs actes et par leurs pensées, de l'épaisseur perceptive que je détiens ? Je pensais au départ qu'ils ne devaient pas être trop nombreux, car la frénésie satanique d'ensemble, qui découle des velléités darwiniennes qui composent le comportement de chacun, s'accentue par les désirs matériels que fait miroiter le progrès qui engendre les velléités consommatrices. Mais voilà, le nobiliaire et le religieux se servirent des médias pour enfoncer le clou du rêve américain à satisfaire afin que disparaissent petit à petit toute éthique et toute morale. Il apparaît ainsi que ne subsisterait plus aucun élu à la transposition. Remarquez qu'il est constatable, que les humains qui désirent partager équitablement les ressources et établir un pouvoir décisionnel commun ne sont plus légion. Ils furent tous impitoyablement éliminés par les élites en tout lieu où elles eurent le loisir de le faire. N'oublions pas que l'OTAN fut conçue avec comme dessein l'élimination des esprits qui rêvaient d'instaurer de réelles républiques ou de vraies démocraties. Il ne peut donc rester sur cette Terre que les êtres sataniques qui conçoivent devoir s'approprier, au maximum de leur moyen, le fruit du travail d'autrui et conserver à leur seul profit le pouvoir décisionnel. Il n'y aurait donc plus ici-bas que des individus amoraux ou que de l'ivraie. N'y a-t-il absolument plus de bon grain alors qu'un seul aurait suffi pour accorder la détention d'une âme aux homos sapiens ? J'ai même analysé que les médecins n'en détiennent pas, hormis peut-être un prothésiste. Est-il une erreur de la nature ? Va-t-il finir suicidé pour m'avoir assisté alors que ses intérêts auraient été bien mieux satisfaits en fermant les yeux ?

…

Bien évidemment, aucun psychotique religieux ne devait faire partie du voyage, car ils savaient qu'ils usaient de

Accédez à ma communauté céleste.

protocoles religieux de conditionnement et de manipulation mentale pour le compte des élites. Ne rêvons pas. Dieu n'allait tout de même pas sauvegarder des monstres qui s'adonnèrent au conditionnement et à la manipulation mentale de leurs semblables leur vie durant pour que le parasitisme puisse être opéré. Il allait dès lors en être de même des fous de Dieu, des intégristes et autres fondamentalistes, car l'endroit où devait être transposé le bon grain n'est pas un asile d'aliénés. Les prêtres en ont fait des fous, j'essaye de les soigner avant le moment fatidique qui surviendra si mon action échoue. Mais ce n'est pas simple de rendre la vue à des aveugles. Les œillères sont posées en leur esprit. Des structures primordiales ont été vérolées. Il faudrait un événement extraordinaire pour recomposer leur mental dans un sens humaniste. Même la Shoah n'y est pas parvenue. Rendez-vous compte que des survivants de l'immonde partirent s'approprier la terre d'autrui. Ils trouvèrent même une forme d'exaltation patriotique à perpétrer à leur tour leur profitable génocide.

La destination du bon grain ne devait pas non plus être une communauté de parasites et les élites en avaient pleinement conscience. N'oublions pas qu'elles se glorifient toujours d'avoir torturé et crucifié le Messie dont elles boivent le sang et dévorent la chair pour en obtenir la force et les pouvoirs. Le sacrifice des humanistes est leur façon de concevoir leur devenir de parasites. Tous les tristes sires, qui se vouaient à vivre de la rentabilité du travail d'autrui, de la loi du marché, de l'usure et de la spéculation, devaient se douter qu'il n'allait pas faire le voyage. Il en fut de même de tous les militaires et autres mercenaires qui ne se firent jamais aucune illusion, car ils savaient pertinemment que la bestialité, dont ils faisaient preuve, n'était pas une œuvre divine. En outre, il ne peut pas en être différemment, car nos potentiels hôtes se sont extirpés depuis belle lurette des luttes de préséance

Le miracle de la montagne à la croix.

darwinienne sur un territoire et sur les ressources qui y sont disponibles.

Ainsi, il faudra dire adieu à tous les homos sapiens qui composeront l'ivraie. Nous saluerons donc une dernière fois les aveugles, les sourds et les muets qui seront restés au stade des rapports animaux pour être à même de jouir des conséquences bénéfiques pour eux de leur instinct de prédominance. Je souhaite à leurs futurs clones qui apparaîtront sur de futures planètes habitables d'avoir plus de chance qu'ils n'en auront eue. Je tiens toutefois à préciser que nul ne souffrira, car tout se passera en une fraction de seconde. Nul ne verra rien venir. Nul ne ressentira rien. Seules les personnes, qui étaient susceptibles d'être transposées si une humanité avait été détectée, pouvaient s'apercevoir qu'elles n'étaient plus sur la Terre, mais sur une planète qui était en situation de les accueillir.

Dans un premier temps, l'Ange de l'Apocalypse, redevenant par la même un Ange Gardien, aurait alors suppléé à tous les besoins de ces déracinés qui auraient certainement vécu un temps de souffrance émotionnelle extrême. Il leur aurait donc accordé toute son attention. Il leur aurait fourni leur pain quotidien le temps qu'il leur ait été nécessaire pour parvenir à vivre selon leurs désirs sans intervention de sa part. Mais à quoi bon y penser ? Cela semble aussi stérile que d'avoir recherché l'humanité en ce monde.

Mes propos ne sont pas une menace de mort. Eh non ! Il s'agit de la traduction littérale des textes bibliques. Je n'invente rien, c'est ainsi que les prêcheurs prévirent l'intervention de Dieu. Pour ma part, je n'ai que rajouté la possibilité scientifique que cela puisse se passer ainsi. J'ai également extrapolé les raisons de la séparation du bon grain

Accédez à ma communauté céleste.

et de l'ivraie. À mon sens, les élites ecclésiastiques et claniques ne semblent donc pas être les élus auxquels Dieu s'apprêtait à accorder les conséquences bénéfiques d'être du bon grain. Priez donc tout votre souffle avec ferveur pour que mon labeur ne soit qu'un délire de psychotique.

En tant qu'Osiris, s'il y a du bon grain en une seule personne, c'est que les homos sapiens détiennent le potentiel de dynamiser une âme. Toutefois, l'ivraie, que composent alors les âmes damnées, peut déclencher l'apocalypse. La séparation ultime sera alors tout de même réalisée et les âmes damnées seront jugées, c'est-à-dire modulées selon les actes qui furent commis. Au mieux c'est ainsi que cela se passera. Au pire, l'épaisseur perceptive est partie intégrante de votre cerveau. Il serait dès lors préférable, pour la perpétuation de votre vie par votre descendance, de ne pas perpétrer l'apocalypse. Mais aurez-vous le choix ? Ai-je eu le choix de ma destinée ?

Ne serions-nous pas que des compositions informatives qui ont leur rôle à remplir ? N'aurais-je été que de passage sur la Terre au mauvais moment ? Je ne suis pas informé de ce que je suis ni des raisons de ma présence. Je suis parti à la pêche aux informations alors que des agresseurs s'étaient conçu l'objectif de me damner et de me tuer. Dès lors, il est normal que je cherche à trouver une solution, mais le vol de mon savoir et les conséquences des agressions ne sont pas réversibles. Mes agresseurs et moi, ce n'est plus possible. C'est donc eux ou moi. Je suis donc contraint d'opérer. C'est cela l'incidence biogénique. Elle contraint toutes les parties à œuvrer dans le sens de ses desseins. Elle conçoit des culs-de-sac réactifs. Il faut vraiment faire corps pour y échapper et rien n'est jamais acquis. L'ennemi sera toujours désigné si vous n'accédez pas à l'humanité. Or ce monde est en état de confrontation permanente, car l'élitisme et le prosélytisme

Le miracle de la montagne à la croix.

darwiniens dirigent jusqu'aux médecins dont le mental est façonné pour les obliger par Serment d'Hippocrate interposé à prendre soin d'autrui et ils ne le font pas.

Je sais ce qui va se passer, car j'en ai été averti par une fillette qui sembla alors être habitée. Il ne restera rien de mon passage. Tout sera effacé. Or, il n'y a plus que l'apocalypse qui peut parvenir à ce résultat, car tout me fut dérobé. L'Interférent ne plaisante pas et la monture subira votre sort. Je serais ainsi devenu Osiris, qui officie dans la chambre mortuaire, alors que je suis déjà un mort en sursis. Je le dois en grande partie aux médecins auxquels je fis appel, à mon entourage et même à ma famille, car il semble s'être mis au service de mes agresseurs des différents gouvernements. N'oubliez pas qu'en Allemagne, durant les années 1930, tous les médecins furent des Mengele et pourtant ils n'étaient pas tous payés par les budgets de l'armée ou les caisses noires du MEDEF pour user de cobayes non consentants. Mais qu'importe, car, pour ma part, j'irai jouer à l'Ange gardien sur une autre planète jusqu'au jour où je redeviendrai le fossoyeur des cons !

Je suis la preuve d'un ailleurs.

Pour qu'intervienne le miroir incident au bénéfice des humains, comme ce fut le cas lors du miracle de la montagne à la croix, il faut être prêt à vivre sans armes. En effet, si les homos sapiens désirent disposer du potentiel incident que gère l'Interférent, il faut qu'ils soient parvenus à l'humanité. Par exemple, pour qu'ils puissent être inclus dans un programme de transposition intersidérale, ou qu'ils soient parachutés ailleurs dans l'espace, il faut qu'ils aient appris à vivre sans se combattre les uns les autres et sans parasiter leurs semblables. Lors d'une nuit étoilée, pour qu'un amoureux puisse dire à sa bienaimée en désignant une lumière vaporeuse dans le ciel étoilé là-bas au sein du Grand nuage de Magellan :

- Regarde, on discerne la Voie Lactée d'où viennent nos amis les terriens.

Il faut être respectueux et tolérants envers autrui. Il faut donc être parvenu à l'acceptation de toutes les apparences et de tous les comportements. Il faut être capable d'échanger des idées ou des informations dans le calme et la sérénité, et cela, quelle qu'en soit la teneur. En outre, il faut qu'ils soient prêts à sacrifier leur vie, car même en sachant que le miroir incident interviendra, il n'est pas agréable de subir une torture et une mise à mort sur le bûcher ou par crucifixion. Il faut dès lors qu'ils s'interdisent tout droit d'intervention dans le combat des lions sauf si l'ordre leur est expressément donné.

Nul ne doit partir avec l'idée qu'il va coloniser l'espace, car seule la planète, dont le voyageur est originaire, lui est réservée pour se développer et le monde qui sera parvenu à

Le miracle de la montagne à la croix.

son aboutissement et où il sera transposé. Eh oui ? Il faut qu'ailleurs aussi, la biogénie puisse parvenir à son épilogue. De temps à autre, quelque Atoum ou Moïse est parachuté comme un enfant flottant dans un berceau ou se retrouvant en forêt pour qu'il puisse vivre la vie des terriens afin de les amener à évoluer. Tant qu'ils ne seront pas humains, les terriens ne pourront pas être des voyageurs. Il est bien compréhensible que la colonisation de l'espace ne permette plus le développement des espèces. Et, bien sûr, il n'est absolument pas question de jouer à la guerre des étoiles et de mettre l'univers à feu et à sang en transposant des militaires, des parasites ou des psychotiques religieux. Or même vos médecins ne sont pas encore suffisamment sains pour être intégrés dans l'univers des esprits.

Ainsi, quand le monde sera prêt, des extraterrestres viendront le visiter et vous pourrez à leur image vous déplacer dans les cieux. La Terre aura rejoint la communauté des esprits. Dieu sera sur la Terre comme au ciel. Bien sûr, toutes les Terres ne sont pas encore matures, il faudra donc dans ce cas que les voyageurs intersidéraux se fassent le plus discret qu'il soit possible d'être, car seul un Ange Gardien peut apporter la connaissance quand les conditions sont requises ou que la situation l'exige. Le miroir incident prend en charge l'existence post mortem des voyageurs, mais ils ne doivent pas pour autant chercher à se faire agresser ou à interférer négativement dans le milieu où ils sont immergés. Un Ange Gardien a parfaitement le droit de prodiguer ses commandements et de juger des modifications à apporter pour que soit rendue plus humaine la communauté observée. Mais, généralement, il est immergé sur une planète au moment propice où il lui faudra interférer pour le bien de la vie qui s'y est développée. Il a donc un objectif de sauvegarde qu'il se doit de réaliser dans le contexte perceptif dans lequel il est immergé. Il n'est jamais là pour réaliser l'apocalypse, mais, au

Je suis la preuve d'un ailleurs.

contraire, pour minimiser autant qu'il se peut l'impact d'un cataclysme dont la survenue fut détectée avant son immersion. La vie d'un Ange Gardien est un sacrifice que l'Interférent fait pour le bien de la vie du milieu où il est immergé. Sa vie est donc constamment tumultueuse en termes de risques qu'il aura à encourir. Enfant, nous sommes envoyés pour vous tester et tenter de vous faire évoluer. Or, mes prédécesseurs définirent que vous vous dirigiez vers un aboutissement apocalyptique. Je suis là, me transposant dans toutes les divinités, pour tenter d'y remédier, mais quel que soit le personnage que je dynamiserais, sachez qu'il n'y a qu'un seul Dieu. C'est l'Interférent ou l'intelligence qui contrôle le miroir incident, car l'univers est vivant. Vous n'êtes qu'en situation d'en conceptualiser qu'une infime partie.

Un Ange Gardien se doit donc d'obéir aux incidences informationnelles qui lui sont communiquées pour parer l'évènement cataclysmique qui lui est annoncé. Il est dès lors primordial qu'aucun protocole de conditionnement et de manipulation mentale ne soit utilisé à son détriment. L'usage à ses dépens de procédés psychotechniques est une clause d'engagement du jugement dernier, car l'accession à cette technicité est l'assurance qu'aucune humanité ne pourra plus survenir. En effet, l'usage d'une technicité de programmation hypnotique est l'assurance qu'aucune âme ne pourra plus être dynamisée avec sa propre personnalité, car il y aura une atteinte au processus de modification informative de l'individualité par le contexte implicatif. Or la vie est la constitution d'un génome qui fixe les particularismes différents de chacun ou la personnalité biologique que définit l'empreinte génétique. La personnalité spirituelle de quiconque s'édifie structurellement selon le contexte rencontré lors de sa dynamisation génomique et l'épaisseur perceptive qui lui est allouée.

Le miracle de la montagne à la croix.

L'architecture neuronale implicative doit donc rester la conséquence de la dynamisation génomique. Le contexte, qui est perçu, façonne le folklore relationnel qui est mémorisé dans le cerveau uniquement dans sa part d'accession à l'épaisseur perceptive. Il apparaît donc comme évident que le folklore ne doit pas permettre de façonner la personnalité, mais uniquement le mode relationnel que les individus doivent adopter. Si le génome est conçu par sa réalisation selon le folklore qui fut conçu, la personnalité n'aura pas d'utilité existentielle, mais une destinée mécaniste que façonnera la dégénérescence applicative que concevront les dominants. Si l'architecture neuronale implicative d'accès à l'épaisseur perceptive, qui permet d'apprécier le contexte rencontré dans le dessein d'extrapoler le comportement à adopter, est conçue dans le dessein de contrer l'interférence informative génomique, il est bien concevable qu'il n'y ait plus d'existence communautaire. Seule une robotisation des individus est alors entreprise comme ce fut l'objet de tout enseignement religieux. Il en est de même de l'incidence médiatique de façonnage des comportements et des idéaux que contrôlent les élites. N'êtes-vous pas dressés à considérer que les retraités et les malades sont dispendieux des ressources de la société alors que les militaires, les médias et autres membres du showbiz sont des parasites bien plus onéreux à entretenir ? Eh oui ! Dans les pays sous-développés, la main-d'œuvre y est moins chère, car les besogneux n'ont pas à entretenir tous ces parasites par des ressources qui leur sont prélevées par différents moyens. Vous savez, que vous subveniez directement au bien-être des nécessiteux en les hébergeant, comme cela est réalisé en Chine, ou que vous cotisiez pour qu'ils puissent eux-mêmes subvenir à leur besoin, a un coup relativement identique. Il n'y a pas une différence qui nécessite de réduire l'aide qui est apportée aux nécessiteux.

…

Je suis la preuve d'un ailleurs.

Ceci dit, je ne suis pas là pour raconter des balivernes. Je suis désormais entré dans la peau d'Osiris du fait de la volonté de l'Interférent. J'use donc de l'œil du faucon qui voit ce que nul ne veut révéler, car je suis le réceptacle de l'âme des morts. Or, en tant qu'Osiris, je suis aussi chargé de veiller sur la continuité du potentiel de vie. Sachant ce qui va se passer, je ne promettrai donc pas la résurrection sur cette Terre. Comprenez bien que ce potentiel existe, mais que son usage est proscrit dans la grande majorité des cas. Pourquoi faudrait-il faire revivre des morts alors que des vivants meurent de faim ou sans soins à chaque instant ? Il serait idiot de faire perdurer la vie ou de redynamiser les morts alors que la Terre est surpeuplée et que les âmes sont destinées à accéder à la vie éternelle si le chienlit n'est pas volontairement instrumenté ici-bas pour empêcher cette heureuse conclusion de la vie de chacun. Je resterais donc dans le cadre inductif et implicatif du vivant. La recomposition d'un génome identique sur une Terre recomposée constituera la définition d'un clone qui n'aura pas la même identité contextuelle même si sa personnalité ne pourra être qu'identique. L'épaisseur perceptive, qui alloue le potentiel incident à l'âme circonstancielle, aura toujours une composition environnementale du milieu où il sera immergé. Toutefois, la nouvelle constitution de l'âme pourra se réadapter de façon informative à celles qui précédèrent, dans ce cas où vous puissiez bénéficier de la présence d'une âme. Or votre humanité n'est pas encore acquise à mes yeux.

Le jugement dernier a permis de faire l'étude de l'âme génomique qui constitue la personnalité. Mes pérégrinations mentales y ont fait apparaître l'existence de l'épaisseur perceptive qui est un cadrage immatériel de ma personnalité. Ainsi, il est possible que l'épaisseur perceptive puisse être confectionnée avec un contenu informatif ailleurs que sur la Terre comme le miracle du Kreutzberg l'a prouvé. Il reste à

Le miracle de la montagne à la croix.

déterminer si cette empreinte du contenu perceptif de l'âme est sauvegardée après la mort. Quoi qu'il en soit, tant que les homos sapiens ne seront pas parvenus à l'humanité, il est bien compréhensible que l'Interférent ne leur alloue pas une épaisseur perceptive ayant une existence après la mort. Il n'est nullement question qu'il mémorise éternellement les agissements des animaux. Par la suite, lorsqu'ils seront parvenus à l'humanité, qu'importeront alors toutes les cogitations sur l'immatériel ! Leur épaisseur perceptive les instruira sur leur continuité existentielle. Dans le jugement dernier, j'explique même de quelle manière l'immortalité de l'âme est constituée. Parvenu à ce stade perceptif, l'essentiel pour tout humain sera alors de considérer qu'il fait un voyage sur la Terre comme je le conçois. Or, s'il fait un passage ici-bas, c'est que son âme, comme la mienne, viendra d'ailleurs. En conséquence, à l'identique de la mienne, après sa mort, son âme ira quelque part. Par le miracle de la montagne à la croix, le miroir incident n'a-t-il pas prouvé l'existence d'un potentiel interférant immatériel et donc celle d'un ailleurs d'où je viens et où je retournerai ?

Au lieu de vous tourmenter les uns les autres au maximum de vos capacités, ne serait-il pas plus judicieux d'œuvrer pour que chacun puisse vivre dans la sérénité ? Plutôt que de chercher l'extase, l'exaltation, la gloire, la notoriété, le pouvoir ou la richesse en ce monde où la vie n'est que parcellaire, ne serait-il pas plus judicieux de parvenir à l'humanité pour que la vie ici-bas soit profitable à la réelle épaisseur perceptive qui ne prend sa consistance qu'ailleurs, là où la globalité de l'existence est accessible ? Sachez qu'en aucun cas, les homos sapiens ne pourront être dotés d'une âme éternelle alors qu'ils sont restés au stade de l'animalité que j'ai constaté. L'Interférent n'est pas un Jésus Christ, il n'est pas enclin à allouer une âme aux animaux qui se serviraient de ce nouveau potentiel pour nuire à leurs semblables. Si des

Je suis la preuve d'un ailleurs.

animaux en ont été improprement dotés, il remédiera immédiatement à cette erreur en la supprimant.

Croyez-vous que je délire ? Mon épaisseur perceptive ne me fit-elle pas avoir de curieuses réactions pour un enfant d'une dizaine d'années qui n'aurait qu'une existence planétaire ? Les informations, qu'elle détint à ce même âge, pouvaient-elles être la conséquence de l'instruction primaire qui me fut donnée ou de la religiosité qui ne me fut pas communiquée ? Selon le récit que je fis des émotions et des pensées qui m'habitèrent, il est indéniable que mon épaisseur perceptive ne fut pas conçue sur la Terre. Il devient donc irréfutable qu'un ailleurs fut responsable de ce qu'elle fut.

…

Selon les indications qui me furent transmises, il me resterait une existence à vivre. Je ne sais rien de plus à ce sujet. Peut-être était-ce même une désinformation qui serait due à l'interférence malsaine d'individus malveillants à mon endroit. Eh oui ! Je suis en relation avec l'au-delà, certes, mais de sales petits cons ont jugé utile de se servir de mes capacités psychiques inhabituelles pour me nuire. En gros, l'au-delà me surveille et m'informe grâce à mes capacités mentales, alors que les petits cons d'ici-bas cherchent à m'emmerder au maximum de leurs capacités. Mais, admettons que tel soit bien le cas, lors de ma résurrection, aurais-je alors les pleins pouvoirs ? Comme ma mission d'Ange Gardien de la Terre aura pris fin avec ma mort, à mon retour, je ne combattrais alors plus la destinée. La biogénie œuvrera donc enfin de concert avec moi pour préparer la transposition du bon grain. Elle accédera donc à tous mes désirs. Croyez-vous que mon espérance soit en cela alors que j'ai regardé ma monture tombée sous le wagonnet ? Ne serait-ce pas plutôt en

Le miracle de la montagne à la croix.

l'acceptation de mon sacrifice que réside les velléités sacrificielles qui font agir mes agresseurs ?

S'il ne s'est pas présenté une désinformation, je devrais mourir encore une fois. Je devrais donc être ressuscité encore une fois sur cette Terre avant de parvenir à l'instant où la biogénie planétaire aboutira à l'apocalypse. Ce qui ne devrait plus tarder à l'échelle des temps. D'ailleurs, écoutez ! Les trompettes sonnent. Ne les entendez-vous pas retentir sur toute la planète grâce aux vuvuzelas de la coupe du monde de football ? Même le sang de la Terre pollue les océans. Eh oui ! Le pétrole du golfe du Mexique est la conséquence de la vie qui fut enfouie du fait de l'arrivée d'un bolide venant de l'espace. Il apparaît donc que je ne suis toujours pas parvenu à interrompre la destinée régénératrice de la biogénie. Il est vrai que vous êtes pétris de certitudes et qu'il y a bien trop d'intérêts en jeu. En outre, les croyants sont des golems que leur Église façonna. Ils croient en Dieu selon le conditionnement qu'ils subirent. Si Dieu n'est pas à leur convenance, il ne peut être Dieu à leurs yeux.

Sachez toutefois que je détiens tous les pouvoirs que m'apporte le contrôle inductif et implicatif de l'ensemble du vivant même si un temps de latence est nécessaire pour que mes désirs soient satisfaits. Quand je parle de moi, ce n'est pas exactement la conscience dont dispose la monture d'un vert cadavérique, mais l'intelligence qui opère en l'au-delà qui la chevauche. Cet ensemble que j'ai dénommé, Triskèle, doit même être en mesure de contrôler l'incidence matérielle de l'univers. Seul le contrôle direct par la pensée semble m'être proscrit pour le moment, encore qu'il faille se méfier. Eh oui ! Ayant été élevé dans un cadre cartésien, je n'ai pas pris l'habitude de faire appel à mes capacités métaphysiques. Je ne connais donc pas mes limites. Lors des deux essais qui sont narrés dans le jugement dernier et qui eurent une

Je suis la preuve d'un ailleurs.

incidence néfaste ici-bas, il semble que je n'en ai pas. Je ne regrette absolument pas d'avoir pris ces décisions, car cela m'a tout de même permis de bien me défouler alors que j'étais confronté à des mécanismes biologiques qui désiraient me tuer.

Prenez donc garde à vous, car l'Interférent n'a pas l'air de rigoler. Méfiez-vous, car vous n'avez pas conscience des conséquences qui peuvent découler de l'atteinte psychique et physique qui fut orchestrée aux dépens de l'Immergé si ce ne fut pas à bon escient. Il n'est jamais très sain de s'attaquer à lui, car l'on s'attaque alors indirectement à l'Interférent.

Sachez que le Satan biogénique, que les juifs, les chrétiens et les musulmans flagornent dans leurs prières, ne s'occupe pas de l'âme métaphysique, mais uniquement du côté inductif et implicatif de la matérialité existentielle. Satan n'a qu'une incidence par la mécanique biogénique qui lui alloue son pouvoir. L'épaisseur perceptive qu'il conçoit est neutre et la personnalité n'est donc que le fait de la dynamisation génomique dont le programme ayant une destinée opérationnelle est composé de façon aléatoire. Seul l'Interférent compose une épaisseur perceptive particulière qui permet aux êtres, qui sont parvenus à l'humanité, d'accéder à l'immortalité. Satan œuvre donc par incidence inductive et implicative des éléments de l'univers ou par biogénie. Il est susceptible d'édifier des complexes vivants pour parvenir à l'objectif qui est fixé par les lois qui régissent l'univers. Il joue donc de façon mécaniste à l'Interférent par conceptualisation de machineries biologiques en ayant la capacité. L'Interférent, quant à lui, se situe de l'autre côté du miroir. Il se situe en dehors des contraintes auxquelles l'évolution de l'univers est soumise. Il est susceptible d'interférer comme bon lui semble sur l'ensemble de l'univers, et cela, entre chaque pulsation universelle. Il est donc susceptible d'agir instantanément. Il

Le miracle de la montagne à la croix.

peut déplacer ou faire apparaître tout de go en un éclair ce que bon lui semble à l'endroit qui lui plait. Il peut tout détruire ou tout réparer.

Dieu sur la Terre comme au ciel.

Pour toutes les atrocités que vous avez perpétrées avec préméditation dans le dessein de prendre l'ascendant sur la Triskèle afin de lui dérober ses connaissances, la vengeance de l'Interférent sera terrible. Par vos méfaits, je fus obligé de descendre aux enfers pour pouvoir y vivre les émotions qui allaient constituer l'épaisseur perceptive des futures générations. Eh oui ! À la vie éternelle, l'Immergé condamne les homos sapiens s'il advenait toutefois que ce monde échappe à l'aboutissement apocalyptique, ce qui est loin d'être le cas, car ma vie n'est qu'un amalgame d'entraves à mon action. En effet, tout ce qu'il fut possible d'entreprendre pour m'empêcher de parvenir à mes fins fut instrumenté. Je fus confronté à une puissance indicible qui s'investit pleinement pour m'empêcher d'œuvrer, comme si la destinée apocalyptique devait absolument être l'aboutissement de cette cellule planétaire. Serait-ce une obligation qui serait le fait de la survenue d'un cataclysme stellaire inévitable ? Le monde devrait-il disparaître dans un extraordinaire feu d'artifice régénérateur de matière avant cette extrémité ?

Cependant, dans l'éventualité où la perpétuation de la vie sur la Terre puisse être prolongée, sachez que les générations futures seront dotées d'une âme qui sera composée d'une façon semblable à la mienne. Chaque humain sera donc l'amalgame d'un cavalier chevauchant sa monture à l'image de ce que fut la Triskèle. L'Interférent constituera l'épaisseur perceptive de chacun avec le labeur que l'Immergé réalisa ici-bas. Il ne peut pas agir autrement, car il n'est pas d'une constitution biogénique. Il ne tue pas par exaltation ou par dépits. Il se contente de réguler l'accession à l'humanité en s'attachant à amener les mécanismes

Le miracle de la montagne à la croix.

biologiques à concevoir les moyens de perpétuer l'existence de l'univers.

L'Interférent est contraint de séparer le bon grain de l'ivraie. Tant que ce monde n'est pas condamné à disparaître pour des raisons d'impossibilité d'y maintenir la vie, je suis donc contraint d'y faire apparaître l'humanité. Vous voyez, tout était déjà écrit. Il suffisait que je descende aux enfers ou dans la fosse aux lions pour rassembler les données du langage émotionnel que dynamise le génome des homos sapiens pour qu'une âme humaine puisse être allouée aux habitants de la Terre, et cela, que vous le vouliez ou non.

Les temps vont donc changer. Comme vous l'aviez envisagé, ce sont vos enfants qui vont radicalement le transformer. Quoi que vous fassiez, vous ne pourrez pas vous y opposer, car ils sauront d'où ils viennent quand ils naîtront et où ils iront après leur mort. Leur épaisseur perceptive sera constituée en ce sens et ils n'auront plus l'utilité d'une quelconque religion pour que soit constitué l'envoutement de la foi qui estompe la peur de mourir. Ils seront instruits de tous les moyens qu'emploient les parasites pour créer le charme qui leur permet d'assoupir les consciences de leurs victimes. Il n'y aura plus d'envoutement possible par la musique, le chant, le jeu, le sport, l'odeur de cul télégénique. Les émotions ne pourront plus les conditionner et les manipuler au profit des élites. D'ailleurs nul ne désirera plus être dissemblable de son prochain en terme de potentiel d'accès à la jouissance des biens terrestres. Chacun aimera être un humain ayant des aspirations à servir autrui.

Les générations futures sauront donc très exactement où se situe le bien et où se trouve le mal. Ils pourront ainsi juger les responsables des exactions passées, car ce sont eux qui le feront si tel est leur désir d'humanité. Quelles que soient leurs velléités de rendre la justice, ils vomiront les élites pour

Dieu sur la Terre comme au ciel.

tout le mal qu'elles auront perpétré même si par respect des bâtisseurs de la Terre, ils se tairont dans un silence plein de chagrin que nul Dieu ne leur ait montré le bon chemin. Rien ne pourra leur être caché, car ils ressentiront, par leur épaisseur perceptive, les abjections qu'elles furent malgré qu'elles aient été les conceptrices des vies de demain. L'Antéchrist, dont elles peaufinent l'instauration actuellement, ne durera donc que quelques années, car il sera irrémédiablement balayé par les nouvelles générations. Ainsi, Satan ou le besoin d'une prédominance individuelle ou collective, qui règne actuellement sans partage sur la Terre, disparaîtra de ce monde à jamais. N'était-ce pas en ce sens que l'avenir devait être écrit selon les prophéties ? Dieu ne doit-il pas être sur la Terre comme au ciel ? Y-aura-t-il une promesse du Messie qui ne soit pas réalisée si les homos sapiens échappent à la funeste destinée apocalyptique que les croyants appelèrent de leurs vœux ?

...

Humains, levez-vous pour attendre de pied ferme le Grand jugement ! Je ne suis peut-être pas le Dieu que vous attendiez. Je ne suis que l'amour et la paix que mon âme peut apporter, certes, mais je suis vivant bien que je vous aie tous insultés et trainés dans la boue. Soyez dignes de ce que vous êtes et de ce que vous avez accompli, même si ce fut dans l'errance de la peur du lendemain, car c'est avec votre cœur que vous l'avez accompli. Relevez la tête, désormais le Dieu d'Abraham, de Moïse, de Jésus Christ et de Mahomet est de retour dans un être qui ne détient que le pouvoir de le servir. Soyons désormais tous réunis. Regroupez vos drapeaux et vos façons d'espérer. Servons la conscience de l'au-delà du mieux que nous le pouvons. Prenons notre bâton de pèlerin. De Jérusalem à Avaris, marchons. Refaisons à rebours le chemin que les bâtisseurs de pyramides furent contraints d'entreprendre du fait de la fureur des éléments. Réunissons

Le miracle de la montagne à la croix.

les frères du sol que sont les Égyptiens et les Palestiniens, et cela, qu'ils soient devenus juifs, chrétiens ou musulmans. Qu'ils redeviennent les enfants d'Osiris et d'Isis. L'amour que nous ferons apparaître sur la Terre édifiera une communauté humaine ou chacun sera heureux de tendre la main à son prochain. Et que vive alors Dieu ici-bas comme en l'au-delà ! Sachez qu'il a entendu vos prières dans vos plus noirs moments, même si, aux portes de la mort ou dans l'extrême souffrance, vous aviez douté de lui. Quand l'Organisation des Nations Unies adopta les Droits de l'Homme, j'ai su que c'était le bon moment. Espérons que je ne me sois pas fourvoyé sur vos réelles intentions.

...

Ce cheminement fut réalisé par Roland Enkler, qui sera ce que vous aurez décidé de faire de lui. Mais pas Atoum, pardi, car il faut que les hommes arrêtent de se prendre pour des dieux. C'est du moins ce qui est prôné à la télé, car le Dieu qui s'est présenté n'a pas distribué de cachets. Eh oui ! Il paraîtrait que mon tort fut d'avoir la tête qui enfla alors que je n'avais pas le sou. Il faut donc tout nier, n'est-ce pas ? Sans cela, ça la fout mal un Dieu sans Rolex. Je devrais donc ne plus être qu'un fils de pute qui est déjà mort et enterré. Le monde cherchera donc à m'oublier au plus vite, car il a dévoré ce que je fus et il s'est abreuvé de mes connaissances à mon insu. Il ne put en être différemment, car la valeur de mon compte en banque me situe sur la base de la pyramide de préséance appropriative et décisionnelle qu'il serait utile d'éliminer pour le bien-être des étages supérieurs.

Isis bafouée et Osiris damné lors d'un voyage à Corfou. Ils ont l'air d'en être morts de chagrin. S'ils sont excommuniés, ils en éprouveront le plus grand bien.

Le miracle de la montagne à la croix.

Remarquez que moi, en tant qu'Osiris, je ne juge pas, je conçois. Si vous n'êtes pas parfaits, je tente d'y remédier. Or, j'ai remarqué que vous aimiez bien observer ce qui se passait chez autrui. C'est pour cela que mes prêtres, là-haut, bien au chaud, sont parvenus à me brancher sur toute les mémoires avec les voix appropriées. Depuis peu, ils m'ont incorporé l'image. Et là, ils commencent à me fignoler la vidéo. J'espère bientôt être branché sur vous en direct. Alors que je serais cloué au lit, me chiant et me pissant dessus, le cancer du rein m'ayant alors rongé les nerfs de la colonne vertébrale, je pourrais toujours vous observer, à défaut de faire mon pèlerinage de Jérusalem à Avaris.

Bien évidemment, ce potentiel d'amélioration des relations sociales ne m'est pas personnellement destiné. Non, bien sûr, il va servir à vos enfants. Comme cela, ils ne vous perdront plus de vue. Ils auront tous les enseignements sur la sexualité qu'ils désireront avoir. Il va falloir apprendre à baiser dans le noir, ou alors chacun pourra vous voir. S'ils disposent du temps nécessaire, mes prêtres m'ont promis de brancher l'odorat. Je sais, je suis cruel, mais après tout vous en bandez d'être des voyeurs. Quant à l'odorat, avec des pinces à linge, cela devrait aller. Ne m'en voulez surtout pas, je ne peux qu'exaucer vos désirs. La Doctrine à la Foi va en être ravie et le pape en rêvait. Alors que demander de mieux ? Le clergé va pouvoir devenir plus pourri que jamais, surtout que la confession les avait déjà amenés à créer l'Inquisition. Eh oui ! Se prendre pour Dieu en s'accordant le droit d'entendre les secrets d'alcôve lorsque l'on est un refoulé, ce n'est pas très sain, car même les médecins se mettent alors à délirer.

Oh ! Ce n'est pas possible ! Chaque fois que quelqu'un s'adresse à moi désormais en usant de procédés psychotechniques, je le vois à poils en train de faire des galipettes. Vous verriez ce que certains sont capables

Dieu sur la Terre comme au ciel.

d'inventer ! Et parole de scout, messieurs Delors et Rocard, telle est la réalité. Vous n'allez plus avoir à regarder les chaînes pornos. Canal+ va faire faillite. Je vais donc bien gagner ma bataille d'Armageddon. Je vais pouvoir déboulonner le grand totem de Satan qui se dresse sur le mont Ganelon.

...

Ah ! Enfin je vais avoir la paix. Je devais être le Messie faisant son come-back, mais pour cela, il fallait que je sois damné afin que les élites puissent me faire ramper sous la croix. Il fallait que je me soumette à l'Église et donc aux décisions des psychotiques religieux. En outre, il aurait fallu que je sois l'Alpha et l'Oméga ou le début et la fin. Or être la fin, je ne le peux pas, mais j'accepte volontiers d'être aux fondements d'une civilisation. Ne pouvant accepter que le monde soit détruit, j'ai alors voyagé. Je suis parti aux tréfonds de mon esprit. J'ai dynamisé Moïse en ma mémoire, mais j'étais encore trop près du monde chrétien. J'ai alors remonté le temps en surmontant le déluge pour devenir Osiris et c'est ainsi que je me sens bien. Le monde a donc bien dégénéré. Le déluge a détruit le paradis perdu. Le Santorin a fait des bâtisseurs de pyramide, aux yeux du monde, des rats qu'il fallait éradiquer. Que reste-t-il de la civilisation d'Atoum ou de la Genèse qui fut engloutie ? Des psychoses religieuses qui ne s'effacent pas facilement.

Le miracle de la montagne à la croix.

Ode à la joie.

Freude, schöner Götterfunken
Tochter aus Elysium,
Wir betreten feuertrunken,
Himmlische, dein Heiligtum !
Deine Zauber binden wieder
Was die Mode streng geteilt ;
Alle Menschen werden Brüder,
Wo dein sanfter Flügel weilt.

Wem der große Wurf gelungen,
Eines Freundes Freund zu sein ;
Wer ein holdes Weib errungen,
Mische seinen Jubel ein !
Ja, wer auch nur eine Seele
Sein nennt auf dem Erdenrund !
Und wer's nie gekonnt, der stehle
Weinend sich aus diesem Bund !

Freude trinken alle Wesen
An den Brüsten der Natur;
Alle Guten, alle Bösen
Folgen ihrer Rosenspur.
Küsse gab sie uns und Reben,
Einen Freund, geprüft im Tod;
Wollust ward dem Wurm gegeben,
und der Cherub steht vor Gott.

Le miracle de la montagne à la croix.

Froh,
wie seine Sonnen fliegen
Durch des Himmels prächt'gen Plan,
Laufet, Brüder, eure Bahn,
Freudig, wie ein Held zum Siegen.

Seid umschlungen, Millionen!
Diesen Kuß der ganzen Welt!
Brüder, über'm Sternenzelt
Muß ein lieber Vater wohnen.
Ihr stürzt nieder, Millionen?
Ahnest du den Schöpfer, Welt?
Such' ihn über'm Sternenzelt!
Über Sternen muß er wohnen.

Paroles de l'Allemand Schiller.

Traduction de l'hymne européen.

Joie ! Joie ! Belle étincelle divine,
Fille de l'Élysée,
Nous pénétrons l'âme enivrée
Dans ton temple glorieux.
Ton magique attrait resserre
Ce que l'air du temps en vain détruit ;
Tous les hommes deviennent frères
Où ton aile nous conduit.

Si le sort comblant ton âme,
D'un ami a fait ton ami,
Si tu as conquis l'amour d'une noble femme,
Mêle ton exultation à la nôtre !
Viens, même si tu n'aimas qu'une heure
Qu'un seul être sous les cieux !
Mais vous que nul amour n'effleure,
En pleurant, quittez ce chœur !

Tous les êtres boivent la joie,
En pressant le sein de la nature
Tous, bons et méchants,
Suivent les roses sur ses traces,
Elle nous donne baisers et vendanges,
Et nous offre l'ami à l'épreuve de la mort,
L'ivresse s'empare du vermisseau,
Et le chérubin apparaît devant Dieu.

Le miracle de la montagne à la croix.

Heureux,
Tels les soleils qui volent
Dans le plan resplendissant des cieux,
Parcourez, frères, votre course,
Joyeux comme un héros volant à la victoire !

Qu'ils s'enlacent tous les êtres !
Ce baiser au monde entier !
Frères, au-dessus de la tente céleste
Doit régner un tendre père.
Vous prosternez-vous millions d'êtres ?
Pressens-tu ce créateur, Monde ?
Cherche-le au-dessus de la tente céleste,
Au-delà des étoiles, il demeure nécessairement.

L'antéchrist, Satan en rêvait, vous avez exaucé ses vœux. Au lieu de réunir les humains, vous avez réuni les moyens de développer les portefeuilles boursiers. Vous avez établi le féodalisme financier planétaire. Vous avez conçu un opérateur spéculatif mondial. Vous êtes désormais en position de faire ramper quiconque en choisissant les lieux de production selon le plus bas coût de la main-d'œuvre et les points de vente des ressources selon les plus offrants. Pour plaire à Satan, enrichissez-vous bien. Soyez des abjections accomplis au service de l'Antéchrist. Gravissez au plus haut les degrés de la pyramide de préséance appropriative et décisionnelle franc-maçonne. Vous en serez des damnés et l'Éternel vous maudira.

Par son labeur, Atoum a donc rendu son jugement. Vous n'étiez plus humains, car vous aviez perdu vos racines. Il a constitué la Triskèle pour y remédier et vous faire recouvrer votre mémoire. Mais rien n'y fit, car vous préférez vivre dans vos profitables illusions. Sachez que Dieu n'est pas destiné à diriger la multitude. Il n'est que nécessaire aux dominants pour qu'ils ne fassent pas n'importe quoi lorsque nulle humanité n'est présente en un lieu où la subversion totale fut constituée.

Le miracle de la montagne à la croix.

Qu'importe son sang, ça, c'est ma fille.

Qu'importe mon hérédité, ça, c'est mon papa.

Car l'amour est plus fort que les aléas de la vie.

Le miracle de la montagne à la croix.

Le monde est plein de caca.
Mais il ne dissimule pas les jolies fleurs.

Le miracle de la montagne à la croix.

Le Rédempteur :

Roland Enkler.

Le miracle de la montagne à la croix.

Déplaçons-nous au sein de mes sermons.

Le miracle de la montagne à la croix.